自由与包容

西南联大人和事

任继愈／著

U0911502

江西教育出版社
JIANGXI EDUCATION PUBLISHING HOUSE

图书在版编目（CIP）数据

自由与包容：西南联大人和事 / 任继愈著. -- 南昌：江西教育出版社，2017.5
ISBN 978-7-5392-9592-3

Ⅰ. ①自… Ⅱ. ①任… Ⅲ. ①西南联合大学一校史
Ⅳ. ① G649.287.41

中国版本图书馆 CIP 数据核字（2017）第 079549 号

自由与包容：西南联大人和事
ZIYOUYUBAORONG XINANLIANDARENHESHI
任继愈 著

江西教育出版社出版
（南昌市抚河北路 291 号 邮编：330008）
各地新华书店经销
三河市华润印刷有限公司印刷
880mm×1230mm 32 开本 8 印张
2017 年 5 月第 1 版 2017 年 5 月第 1 次印刷
ISBN 978-7-5392-9592-3
定价：36.00 元

赣教版图书如有印制质量问题，请向我社调换 电话：0791-86710427
投稿邮箱：JXJYCBS@163.com 电话：0791-86705643
网址：http://www.jxeph.com

赣版权登字 -02-2017-153
版权所有 · 侵权必究

目录

辑1 联大永存

辑 2

桃李芬芳

序一

西南联大与“五四”传统

“西南联合大学”是一所特殊的大学，既前无古例，亦后无来者。

说其特殊，首先是寿命之短。1937 年，北京沦陷，平津的北京大学、清华大学和南开大学迁往长沙，组建临时大学，半年之后又迁昆明，组建“西南联合大学”，直至 1946 年迁回京津，恢复原三所大学建制，前后不过八年。

说其特殊，更在于它所取得的成就。短短八年，又是在抗日战争极为艰苦的条件下，培养了一大批卓越的人才：诺贝尔奖获得者杨振宁、李政道，数学家陈省身、华罗庚，物理学家周培源、吴大猷，化学家曾昭抡、杨石先；人文社会科学亦无不例外，任继愈、王瑶、阴法鲁、冯契、杨志玖、逯钦立，皆卓然成家。

“西南联合大学”创造了办大学的奇迹，成为中国教育史上极为独特的教育现象。

任继愈先生既是西南联大的学生，后又担任西南联大的教师。北京大学南迁长沙时，任继愈先生是哲学系三年级学生，他从山东千里迢迢赶赴长沙报到。1938 年，临时大学迁校云南，闻一多率领 240 名学生从长沙徒步昆明，历时两个月，行程三千里，可称抗战时期大学的“万里长征”，任先生是其中的一员壮士。1939 年，任先生考取了西南联大北京大学文科研究所研究生，毕业后留在北大任教。

如任先生所说，西南联大这一段经历，在他人生中占有十分重要的位置，直接影响到他选取中国哲学史作为他一生的研究方向。“我参加了学校组织的‘湘黔滇旅行团’”“有机会看到农村败落和农民贫困景象。靠了他们承载着这个又穷又大的国家。人生的归宿，最后的真理，如何与当前广大贫困的农民和败落的农村发生关系，对我来说一直是个问题，无法解决。我深信探究高深的学问，不能离开哺育我的这块灾难深重的土地。从此我带着一种沉重的心情来探究中国传统文化和传统哲学。”（《自传》）对于西南联大的老师、同学和那一段学习经历，他老人家怀有特殊的感情，生前写有多篇文章，与我聊天时也常常讲到，给我留下极为深刻的印象。现在重读任先生的文章，我领会到，任先生怀念、总结西南联大的历史，不完全，也不能简单归结为怀旧情，实有对中国教育的理性反思，寓意甚深。

十余篇文章，有谈人，有忆事，用一句话概括其要义，就是西南联大靠“五四”精神创造了奇迹。“如问西南联大何以能创造奇迹，可以明确回答，这奇迹来自1919年‘五四’爱国运动，西南联大关心天下大事（外抗日寇，内争民主），实事求是的科学精神，尊重别人的民主传统，‘五四’的火炬在联大师生手中传承下来。”（《我心中的西南联大》）

论起教育，所谓“大学乃有大师之谓也，非有大楼之谓也”，都被大家讲滥了。然此话喻之西南联大，才最为切当。任先生回忆，西南联大的校舍极度简陋。1938年刚到昆明，理、工两院暂借校舍，文法学院则在云南南部的蒙自设立分校。1939年始建成新校舍，一百余间平房，土墙泥地茅顶，教室、实验室和学生宿舍就挤在这低矮、简陋的房内，图书和仪器设备，也只能勉强应付教学的最低需要。因为用房紧张，文科研究所的研究生和导师同住在一个宿舍，同吃在一个饭厅。而当时师生的生活，多在半饥半饱的状态，生活极为困苦。闻一多先生一家，每天只能喝两顿稀饭，靠治印补贴家用。一些教授只好到中学兼课维持生计，似刘文典那样为人撰写墓志赚些润笔，已是相当不错的了。与今之大学高楼广厦的富丽堂皇、教授的衣食无忧，几乎是天上人间，不可同日而语。

不过，由于三校合为一校，西南联大集中了一批优秀的学者。看看阵容：一年级语文老师余冠英、李广田、沈从文；英语老师王佐良、李赋宁、查良铮；文科研究所导师陈寅恪、傅斯年、向达、姚从吾、郑天挺、罗常培、罗膺、杨振声、汤用彤、贺麟，可谓一时之盛。所谓大师者，此之谓也。对于这些老师，任先生都怀有深深的敬意，写了《贺麟先生》《回忆金岳霖先生》《刘文典先生》《钱穆先生》《闻一多先生》《西南联大时期的郑天挺先生》等多篇回忆文章。

不过大师云集，实乃机缘凑合。但如何保护好学者研究与教学的权利，活跃学术风气，激发学术的创造力，才是大学办学的关键。在任先生心中，“北大之‘大’，不是校舍恢宏，而是学术气度之大”，“能容纳不同的学术观点”（《北大的‘老’与‘大’》）；“西南联大值得怀念的是它的自由宽容、博大深宏的学风”（《我心中的西南联大》）。据不完全统计，联大八年所开的课程，竟然达1600门以上。同一个课程，闻一多和罗庸都讲唐诗，观点却不相同；罗庸讲楚辞，闻一多也讲楚辞；一样的古文字学，唐兰和陈梦家不同。沈有鼎为哲学系开《周易》课，闻一多来听；数学系教授程毓听郑昕的“康德哲学”课，至于陈寅恪讲“佛典翻译文学”，听者多为中文、历史、哲学的老师，陈寅恪遂有“教授的教授”之称。联大的课外学术活动丰富多彩，学术演讲几乎每天都有，学术社团经常组织各种学术活动，文科研究所罗常培组织了一系列学术报告会，任先生听过的就有汤用彤的《言意之辩》、向达《唐代俗讲考》、冯友兰《禅宗思想方法》、贺麟《知行合一新论》、陈国符《道藏源流考》。活跃的学术风气，最终获益的还是学生。

“百家争鸣，学术民主，不但在同辈中盛行，师生之间也不乏这种宽容求是的事例。”（《抗战时期西南联大散记》）任先生的文章，生动地叙述了联大师生学术平等的故事。文科研究所的研究生自然是得天独厚，在研究所的小天地里与导师吃住在一起，朝夕相处，如古代的书院，既可四时请安，又可随时问道。一般的大学生虽不似研究生，与老师如此亲密，但与老师亦有经常的交流，而且撰写论文，可以与导师的意见相左，只要持之有故，论文就可以通过。历史系二年级学生王玉哲不同意文科研究所所长傅斯年关于《齐物论》作者的意见，发表文章提出商榷，考研究生时，壮胆报考文科研究所研究生，而被录取，并未因学术观点不同受影响。杨振声指导本科四年级学生写论曹禺的论文，学生迟迟不能交论文。杨振声约学生谈话，原来学生不交论文，是因为学术观点与杨先生不同，怕在杨先生那里通不过。杨振声告诉学生，只要掌握原始材料，认真研究，言之成理，持之有故，不必和老师的观点一致。“学术面前，只重证据，不论资格”。从学术的本性上，给予学生以创新的胆气。

宽容的学术环境，是学术研究的温床。虽偏居西南一隅，闻一多利用西南地区民族、民俗的活化石研究《诗经》《楚辞》和古代神话，开创了研究的新生面。罗常培亦利用西南民族的语言资源，开辟了少数民族语言学的新领域。贺麟创立了“西洋哲学编译会”，主持编译西方哲学。金岳霖的《知识论》是他在联大的讲稿，汤用彤的《汉魏两晋南北朝佛教史》、熊十力《新唯识论》、钱穆《国史大纲》也都完成于此一时期。所著多为传世经典，何止是成就斐然而已！

西南联大“五四”传统的另一体现是爱国和民主。任先生回忆联大生活，总结联大的办学精神，既讲学术自由，又讲爱国和民主。冯友兰先生的西南联大纪念碑也说“联合大学以其兼容并包之精神，转移社会一时之风气，内树学术自由之规模，外来‘民主堡垒’之称号，违千夫之诺诺，作一士之谔谔”，乃是西南联大精神。而这也正是“五四”的精神，西南联大继承了这一传统。

联大的师生虽然有不同的政治立场，或“左”或“右”，见解分歧，但是却都有共同的爱国信念，抗击侵略，争取民族独立。爱国成为西南联大师生的凝聚力，也成为学生克服困难、砥砺成才的动力。所以，虽然天天有日寇飞机轰炸，物价飞涨，师生食不果腹，联大却为中华民族培养了一大批卓越的人才。

争取民主也是西南联大精神所在，而这一精神亦来自“五四”传统。1944 年，重庆政府把“青年节”的日期，由 5 月 4 日改为 3 月 19 日，以此防范学生的民主运动。联大学生鄙视、无视政府的通令，举办了一系列“五四”纪念活动；1945 年，又举办了更盛大的“五四周”，联大学生精神由此而出现复兴。1945 年，国民党政府发动内战，联大学生开展了血与火的反内战学生运动，展现出他们不屈的壮志，教授闻一多的鲜血亦染红了西南联大这片土地。西南联大的民主运动，证明西南联大的老师不是死读书的学者，西南联大培养的学生亦非读死书的学生，而是关心天下大事，关心国家命运的志士，这也是西南联大不朽的遗产。

1943年12月，林语堂从美国回国，到西南联大演讲，他用“不得了”感慨西南联大师生生活的艰苦，又用“了不得”赞誉联大取得的成绩。林语堂是文学家，搬弄文辞，是他的本事，也是他的常态，而此“不得了”和“了不得”，确实表达了人们对西南联大由衷的敬佩。

詹福瑞

2017年4月

序二

关于国立西南联合大学

闻名遐迩的西南联合大学，今年将迎来它的八十寿辰。在八十年的岁月里，它的光辉没有黯淡，而是越来越明亮。人们怀念它、纪念它，这是不能忘却的纪念。

有人提出重建一所西南联大，发扬它的精神。大家也都知道这是做不到的。情况完全不一样了，环境也不一样了，人更不一样了。真的，连昆明的天也不像以前蓝得那样清澈了。

首先大环境不一样了。那是在国难当头、民族危亡之际，一种生死存亡的紧迫感，让人不能懈怠。这是大环境。从在长沙开始直到抗战胜利，不断有学生投笔从戎。学校和民族命运是一体的。据联大校史载：先后毕业学生三千余人，从军旅者八百余人。奔赴抗日前线和留在学校学习，是一个事物的两个方面。冯友兰先生曾在他为学校撰写的一次布告中对同学说："不有居者，谁守社稷？不有行者，谁捍牧圉？"不论是直接参加抗日还是留校学习，"全国人士皆努力以做其应有之事"。前者以生命作代价，后者怎能不以全身心的力量来学习？学习的机会是多少生命换来的？学习的成绩是要对国家的未来负责的。所以联大师生无论遇到怎样的困难，从未对教和学有一点松懈。1938年，师生步行从长沙经贵阳，跋涉千里，于4月26日到昆明，5月4日就开始上课。1942年以前，昆明常有空袭，跑警报是家常便饭，是每天必修之课。师生们躲警报跑到郊外，在乱坟堆中照常上课。据联大李希文（现任云南大学外语系教授）校友回忆，冯友兰先生曾站在炸弹坑里上课。并不是没有别的教室，而是炸弹坑激励着教与学，这种不屈不挠的精神，上昭日月。

西南联大的子弟从军旅者也不乏其人，这也体现了父辈的爱国精神。梅贻琦先生之子女，梅祖彦从军任翻译官，梅祖彤参加国际救护队；冯友兰先生之子冯钟辽、熊庆来先生（当时任云南大学校长）之子熊秉明、李继侗先生之子李德宁都参军任翻译官。当时，梅祖彦、冯钟辽都在联大二年级，未被征调。他们是志愿者。西南联大纪念碑碑阴刻录了参军同学的名字，但因当时条件限制，未能完全收录。在这里，我愿向碑上有名或无名的所有参军的老学长深致敬意！

管理学校，校方要和政府打交道，这可以说是一个中环境。在这个环境里，学校当局有多少自由，以实行自己的规划，对办好学校来说是关键性的。1940 年 6 月，陈立夫以教育部长的身份三度训令联大务必遵守教育部核定的应设课程，统一全国院校教材，统一考试等新规定。联大教务会议以致函联大常委会的方式，驳斥教育部的三度训令。何炳棣先生认为此函执笔者非冯友兰莫属。全文如下：

敬启者：屡承示教育部二十八年十月十二日第 25038 号，二十八年八月十二日高壹 3 字第 18892 号、二十九年五月四日高壹 1 字第 13471 号训令，敬悉部中对于大学应设课程及考核学生成绩方法均有详细规定，其各课程亦须呈部核示。部中重视高等教育，故指示不厌其详，但准此以往则大学将直等于教育部高等教育司中一科，同人不敏，窃有未喻。夫大学为最高学府，包罗万象，要当同归而殊途，一致而百虑，岂可刻板文章，勒令从同。世界各著名大学之课程表，未有千篇一律者；即同一课程，各大学所授之内容亦未有一成不变者。惟其如此，所以能推陈出新，而学术乃可日臻进步也。如牛津、剑桥即在同一大学之中，其各学院之内容亦大不相同，彼岂不能令其整齐划一，知其不可亦不必也。今教部对于各大学束缚驰骤，有见于齐无见于畸，此同人所未喻者一也。教部为最高教育行政机关，大学为最高教育学术机关，教部可视大学研究教学之成绩，以为赏罚殿最。但如何研究教学，则宜予大学以回旋之自由。律以孙中山先生权、能分立之说，则教育部为有权者，大学为有能者，权、能分职，事乃以治。今教育部之设施，将使权能不分，责任不明，此同人所未喻者二也。教育部为政府机关，当局时有进退；大学百年树人，政策设施宜常不宜变。若大学内部甚至一课程之兴废亦须听命教部，则必将受部中当局进退之影响，朝令夕改，其何以策研究之进行，肃学生之视听，而坚其心志，此同人所未喻者三也。师严而后道尊，亦可谓道尊而后师严。今教授所授之课程，必经教部之指定，其课程之内容亦须经教部之核准，使教授在学生心目中为教育部之一科员不若。在教授固已不能自展其才，在学生尤启轻视教授之念，于部中提倡导师制之意适为相反。此同人所未喻者四也。教部今日之员司多为昨日之教授，在学校则一筹不准其自展，在部中则忽然周智于万物，人非至圣，何能如此。此同人所未喻者五也。然全国公私立大学之程度不齐，教部训令或系专为比较落后之大学而发，欲为之树一标准，以便策其上进，别有苦心，亦可共谅，若果如此，可否由校呈请将本校作为第……号等训令之例外。盖本校承北大、清华、南开三校之旧，一切设施均有成规，行之多年，纵不敢谓为极有成绩，亦可谓为当无流弊，似不必轻易更张。若何之处，仍祈卓裁。此致常务委员会。

此函上呈后，西南联大没有遵照教育部的要求统一教材，仍是秉承学术自由、兼容并包的原则治校。这说明斗争是有效果的。

学术自由，民主治校，原是三校共同的理念。现在，三校联合，人才荟萃，更有利于实践。由此形成一个小环境。西南联大在管理学校方面，沿用教授治校的民主作风，除校长、训导长由教育部任命，各院院长都由选举产生。以梅贻琦常委为首，几年的时间，形成一个较稳定的、有能力的领导班子。这是联大获得卓越成绩的一大因素。他们都是各专业举足轻重的人物，又都是干练之才，品格令人敬服。另一个文件可以帮助我们增加了解。

1942 年，昆明物价飞涨，当时的教育部提出要给西南联大担任行政职务的教授们特别办公费，这应该说是需要的，但是他们拒绝了。也有一封信，已由清华档案馆查出。信为文言繁体字，字迹已经模糊，经任继愈先生辨认，我们得到准确的信文。任先生认为此信明白晓畅，用典精当，显然为冯友兰先生手笔。全文如下：

敬启者：承转示教育部训令总字第45388号，附“非常时期国立大学主管人员及各部分主管人员支给特别办公费标准”，奉悉一是。查常务委员总揽校务，对内对外交际频繁，接受公费亦属当然。为同人等则有未便接受者：盖同人等献身教育，原以研究学术启迪后进为天职，于教课之外肩负一部分行政责任，亦视为当然之义务，并不希冀任何权利。自北大、清华、南开独立时已各有此良好风气。五年以来，联合三校于一堂，仍秉此一贯之精神，未尝或异。此为未便接受特别办公费者一也。且际兹非常时期，从事教育者无不艰苦备尝，而以昆明一隅为尤甚。九儒十丐，薪水犹低于舆台，仰事俯畜，饔飧时虞其不给。徒以同尝甘苦，共体艰危，故虽啼饥号寒，尚不致因不均而滋怨。当局尊师重道应一视同仁，统筹维持。倘只瞻顾行政人员，恐失均平之谊，且令受之者无以对其同事。此未便接受特别办公费者二也。此两端敬请常务委员会见其悃愫，代向教育部辞谢，并将原信录附转呈为荷。专上常务委员会公鉴。

签名人：冯友兰 张奚若 罗常培 雷海宗 郑天挺 陈福田 李继侗 陈岱孙 吴有训 汤用彤 黄钰生 陈雪屏 孙云铸 陈序经 燕树棠 查良钊 王德荣 陶葆楷 饶毓泰 施嘉炀 李辑祥 章明涛 苏国桢 杨石先 许浈阳

签名者共二十五人。他们担任各院院长、系主任等行政职务，付出了巨大劳动，不肯领取分文补贴。“同人等献身教育，原以研究学术启迪后进为天职，于教课之外肩负一部分行政责任，亦视为当然之义务，并不希冀任何权利。”难得的是，这样想的不是一两个人，而是一群人。除这二十五位先生外，还有许多位教授，也同样具有这样光风霁月的精神。有这样高水平的知识群体，怎么能办不好一所学校？

西南联大这所学校虽然已不复存在，但它的精神不会消失，总会在别的学校得到体现，在众多知识分子、文化人身上延续。对此我深信不疑。冯友兰先生在他撰写的《国立西南联合大学纪念碑文》中为这一段历史做出了深刻而全面的总结，指出可纪念者有四：

我国家以世界之古国，居东亚之天府，本应绍汉唐之遗烈，作并世之先进，将来建国完成，必于世界历史，居独特之地位。盖并世列强，虽新而不古；希腊、罗马，有古而无今。惟我国家，亘古亘今，亦新亦旧，斯所谓“周虽旧邦，其命维新”者也。旷代之伟业，八年之抗战，已开其规模，立其基础。今日之胜利，于我国家有旋乾转坤之功，而联合大学之使命，与抗战相终始。此其可纪念者一也。

文人相轻，自古而然，昔人所言，今有同慨。三校有不同之历史，各异之学风，八年之久，合作无间。同无妨异，异不害同；五色交辉，相得益彰；八音合奏，终和且平，此其可纪念者二也。

万物并育不相害，道并行而不相悖，小德川流，大德敦化，此天地之所以为大。斯虽先民之恒言，实为民主之真谛。联合大学以其兼容并包之精神，转移社会一时之风气，内树学术自由之规模，外来“民主堡垒”之称号，违千夫之诺诺，作一士之谔谔，此其可纪念者三也。

稽之往史，我民族若不能立足于中原，偏安江表，称曰南渡。南渡之人，未有能北返者：晋人南渡，其例一也；宋人南渡，其例二也；明人南渡，其例三也。“风景不殊”，晋人之深悲；“还我河山”，宋人之虚愿。吾人为第四次之南渡，乃能于不十年间，收恢复之全功，庾信不哀江南，杜甫喜收蓟北，此其可纪念者四也。

此文不仅内容丰富且极富文采，可以掷地作金石声。不止一个人建议，年轻人应该把它背下来。我想，记在心上的是这篇文章，也就是对西南联大不能忘却的纪念。

宗璞

2017 年 3 月

辑1 联大永存

抗日战争时期的北京大学

——西南联合大学时期 (1937—1946)

1937 年 7 月，从日本军国主义者在北京近郊卢沟桥制造的七七事变起，标志着中国人民抵抗侵略的全面抗日战争开始了，北京大学的历史也就转入了一个新的时期。北京在 7 月底陷落，9 月 3 日，日军占据沙滩的红楼和灰楼，10 月 18 日，汉奸组织地方维持会占据理学院等其余校舍，北大校舍从此落入敌伪手中达八年之久。红楼且曾被用为敌寇拘禁、迫害爱国志士的地方。北大师生在七七事变后大部分离开北京，走向抗战的前线和后方。有的就近转入京西山地的游击区，在中国共产党的领导下和农民群众一起坚持了八年[①]的游击战争；有的辗转南下，然后投向延安或其他地区参加了抗日工作；另外一

① 现已改为十四年，后同。

部分则在后方艰苦的条件下坚守文化教育岗位，维持了学校在战时的弦诵不辍。

在北京沦陷后，原在平津的北京大学、清华大学和南开大学[①]，三校在湖南长沙联合成立长沙“临时大学”，继续开学上课。半年之后，长沙临时大学迁至云南昆明，校名改称“西南联合大学”。从1937年秋直至1946年夏复员迁返京津，在九个学年内三校联成一校，西南联大的历史也是与三校的历史不可分割的。因此，我们即以西南联大的全部校史也就是北大在这一时期的校史。

经过短期的筹备后，1937年10月，长沙临时大学在长沙开学。从平津辗转南下集中在长沙临大的三校教师共约150人，学生1450人（包括一部分他校借读生），借用长沙韭菜园圣经学校、涵德女学及四十九标营房作为临时校址。文学院各系则在南岳衡山借用圣经学院校址上课。

长沙临大时期正是抗战初期举国振奋的时候。当时临大的许多教师和同学们都准备投身于抗战工作中，同学们曾提出要

---

① 清华大学的前身是清华学堂，创办于1909年，是中学程度的留美预备学校。1925年开始招大学生，1928年正式定名为国立清华大学。南开大学是由南开中学发展起来的，创办于1919年。

求学校实施战时教育，但是国民党政府从开始对抗战就是不坚定的，也根本不愿意真正动员全体人民起来抗战，同学们要求实施战时教育的期望只能落空了。于是，又有一次从军运动，许多同学自动走向前线，有的到了共产党领导下的陕北，有的回到家乡推动救亡工作。长沙临大的近 1500 名同学中，后来随学校迁到昆明的只有 800 多人。

漫天烽火卷地来，长沙临大在上课的第一个学期中，日军自华北和长江一带步步进逼，蒋介石国民党一面步步败退，一面通过德、意法西斯国家向日军暗中进行妥协投降活动。在战火逐步迫近时，1938 年 2 月，临大结束了第一学期，决定迁校至云南昆明。

在战时内地交通困难的情形下，临大的一部分学生约 240 人，在闻一多等先生的率领下，步行从长沙迁往昆明（其中长沙至益阳一段乘船，沅陵至晃县一段乘汽车）。自 1938 年 2 月 20 日出发，到 4 月 28 日抵达昆明，途经湘、黔、滇三省，历时 68 天，全程 3360 里。在这两个多月的步行途中，教师和学生们亲眼看到了国民党统治下土匪、鸦片遍地，人民——特别是少数民族——生活困难的实况。学生们在沿途进行了抗日的宣传，在贵州炉山举行了汉苗联欢大会。数千里的步行也使学生们得到了体力上的锻炼并习惯了集体生活。其余大部分师生则取道我国香港以及越南，从滇越铁路进入云南。

1938 年 4 月，学校迁抵云南后，开始改名为西南联合大学。理、工两院的校舍在最初暂借昆明昆华农校、昆华工校、昆华师范、昆华中学及拓东路迤西会馆、全蜀会馆、江西会馆上课，文法学院不得不暂且在云南南部的蒙自设立分校（一学期后迁返昆明）。同时，在昆明大西门外购地 120 余亩，建造新校舍。新校舍在 1939 年夏天开始使用，包括 100 余所低矮简陋的土墙泥地草顶（部分铁皮顶）的平房及较高大的图书馆和饭厅。联大文、理、法商三院的教室、实验室和学生宿舍全部都在这里，1938 年夏增设的联大师范学院也在新校舍附近，工学院地址不变。在联大时期，学生人数经常在 3000 人左右，其中大部分集中在新校舍地区。在抗日战争最艰苦的年代里，这里是数千师生艰苦学习和进行民主斗争流血的地方。“一二·一”烈士的墓地和闻一多先生的衣冠冢也在这里。新校舍墙外大路上高插云天的白杨和尤加利树，现如今应生长得更加粗壮和茂密了。

茅茨土阶的联大校舍是极度简陋的，图书仪器设备也只能勉强应付教学上的低度需要。但是，由于三校合为一校，集中了水平较高的多数有经验有学识的教师，使得联大的教师阵容在数量和质量上都比联合以前三校的任何一校强。联大各系的低年级基础课程很大一部分是由老教师担任，高年级的专门课程也经常可以开设很多种，这样，在战时困难的条件下，联大在教学上仍维持了一定的水平。

西南联合大学时期的民主运动

联大在昆明的八年中，在政治生活方面（当然也直接间接影响到其他各方面）约可分为三个阶段，即 1938 年初至 1941 年初皖南事变发生前，这是政治上以及各方面都比较活跃的时期；1941 年春至 1944 年春，这是皖南事变后国民党统治区内进一步对人民进步势力进行迫害的时期；1944 年春到 1946 年夏联大结束，这是民主运动、学生运动再度上升和高涨的时期。

联大一部分同学在从长沙迁到昆明的两个多月步行中，已形成了若干集体生活的习惯。到昆明以后，以这一部分同学为基础，在地下共产党的领导下有了“群社”的组织，推动了最初三年联大生动活泼的政治生活和学生生活。当时联大学生经常出壁报（如政论性的“群声”，文艺性的“腊月”“冬青”，画刊“热风”及通俗性街头壁报，等等），开辩论会、讨论会、时事座谈会，组织学习小组（分哲学、经济、中国问题、文艺、诗歌、戏剧、歌咏、木刻以及俄语、世界语讲习班），组织旅行，在农村和街头做抗日宣传工作。这些活动团结了多数同学，并推动他们在政治上趋向进步，并和校内的少数国民党三青团分子做了艰巨的斗争。

国民党军队在抗战中步步败退，从1939年秋天起，远处西南边疆的昆明也经常遭到日本飞机的疯狂轰炸。联大的校舍曾经多次被炸，上课的时间且一度改为上午7时至10时和下午3时至6时。

1941年1月，国民党反动派再度掀起了以皖南事变为标志的反共高潮，在整个国民党统治区内加紧对进步人士的残害压迫，公开逮捕大批的共产党人和被认为有嫌疑的人士。昆明和联大的政治空气也突然阴沉下来，许多进步同学被迫离开学校出外逃亡，进步的学生团体如群社等被迫解散。有一位同学曾这样描述皖南事变后的联大：“从这时起，联大沉默了，壁报没有了，讨论会没有了，一切团体活动都没有了。同学们见面不敢说一句真话，大家敷敷衍衍，彼此都存着戒心，学校像死一般沉寂。”

在这个沉闷的时期，许多人的思想和活力都找不到出路，于是，钻书本的风气盛行起来。每晚图书馆开馆前排队抢座位和借书的行列经常长达数十公尺。抗战的前途怎样？国家和个人的出路何在？这类问题在书本里是不容易得到答案的。而政治上腐化黑暗和经济上枯竭困窘的现状还是经常刺激着同学们在苦闷中探索、思考。有时也突破一下沉闷的空气，作为一股潜流突然迸发出来，例如 1942 年初的“讨孔运动”。

1941 年 12 月太平洋战争爆发。香港许多爱国人士在日军攻占前无法脱身，而一向以贪污、腐化、反动和愚蠢闻名的国民党行政院长孔祥熙竟以飞机从香港抢运自己的家属、女佣乃至洋狗到重庆，消息传来，引起联大同学普遍的愤慨，数年来对国民党反动统治的不满遂在这个事件上爆发出来。新校舍墙头贴满打倒孔祥熙的大字报，吴晗教授在中国通史班上向同学们提出：“南宋亡国前有个蟋蟀宰相①，今天有个飞狗院长，可以先后媲美。”于是，由一年级同学倡议，迅速会合了新校舍的同学上街游行。同学们举起旗帜，沿街用粉笔写声讨孔祥熙的标语。联大同学的“讨孔运动”，立即得到后方各地人民的同情和响应，有些学校如浙江大学（当时迁到贵州）的同学

① 蟋蟀宰相是出卖民族利益、颠覆宋朝的贾似道。

也举行了罢课游行。

进入1944年以后，随着德国法西斯在斯大林格勒的溃败，随着民主力量在世界范围的强大，也随着国民党军队在各个战场上的节节溃退，联大师生终于突破阴沉的政治气压，结束三年来的沉闷生活，重新开始了一系列新的、活跃的和前进的活动。

1944年5月4日，曾经被称为联大学生精神复兴的日子。当时国民党政府通令把3月19日改为“青年节”，不让青年们在5月4日纪念这个民主和进步的节日。联大学生鄙视国民党政府的这种反动措施，决定自己来纪念“五四”。5月3日晚，由历史学会（历史系学生的系会）组织召开了“五四青年运动座谈会”，并邀请闻一多等教授出席讲话。到会的同学把南区十号大教室里里外外挤得水泄不通，教授和同学们在发言中从纪念“五四”联系到当前政治社会的现状。会场情绪高涨，一直开到深夜，这种热烈的座谈会第一次冲破了三年来郁闷的空气。

5月4日一早，新校舍墙上贴满了纪念“五四”的壁报，晚间又举行了营火会。文艺社举办的“五四与新文艺运动”讲座，因为听众太多，临时改了会场，被一部分反动分子叫嚣破坏，延期到 5 月 8 日晚在图书馆前的大草坪重开，讲题有：

1. 五四运动的意义与影响

2. “五四”前后新旧文学的辩争

3. 新文艺中诗歌的收获

4. 新文艺中散文的收获

5. 新文艺中小说的收获

6. 新文艺与文学遗产

7. 新文艺与西洋文学

8. 新文艺与法国文学

9. 新文艺的前途

连续几天的纪念活动，在联大形成了一种节日气氛，并在以后几年中的每一年都举行盛大的“五四周”。联大复原以后，同学们又将这种纪念方式作为一个传统带到北方的三所学校。

自从 1944 年的“五四”纪念活动以后，联大的民主运动、学生运动便在中国共产党的领导下一步步更为壮大地向前发展。各种社团从学生自治会、系会、班会以至文艺社、新诗社、剧艺社、阳光美术社、高声唱歌咏队、各体育会等都起了组织和推动作用，联大墙上的壁报成为同学们讨论时事政治问题和斗争的武器，教育了广大同学乃至校外的学生和市民。座谈会、讨论会也经常举行，对于若干重大的政治问题，联大学生常常站在进步的立场向全国发出宣言。联大的影响很快就扩展到昆明乃至外地的大中学校，几次向反动势力进行斗争的大示威、大游行也总是联合昆明各校一同举行。

1944 年也正是国民党军队从河南、湖北、湖南、广西直至贵州失地数千里大溃退的一年。在联大师生的推动下，这一年在昆明各界“双十节”的大会上，通过了要求结束国民党一党专政和蒋介石独裁的宣言。12 月初，日军由湘桂深入到贵州独山，大后方的腹地也因蒋军的腐败溃逃而受到震动。以联大学生为基本队伍，10 月 25 日又举行了云南护国起义纪念大会和会后的大游行。这是“讨孔运动”后几年来的第一次大游行，游行群众中喊出了“打倒专制独裁”“扩大民主运动”的口号，显示了人民的意志和力量。

1945 年以后，联大民主运动、学生运动日益高涨。

在 1945 年“五四”前夕，国民党中央党部和云南省党部都曾密令昆明各校限制、防范学生举行“五四”庆祝活动，但联大学生以更盛大的“五四周”粉碎了反动统治者的密谋。“五四周”活动从 4 月 30 日的科学晚会开始，华罗庚教授在会上大声疾呼政治必须改革、民主必须实行。5 月 1 日晚的音乐晚会上，青年们用《五月的鲜花》《民主胜利进行曲》《黎明快来》《黄河大合唱》等歌声纪念了自己的节日，唱出了自己的要求；5 月 2 日有诗歌朗诵晚会；5 月 3 日晚是青年运动座谈会，会上除了青年运动历史的报告外，还有许多校内外的同学和工人的热烈发言；5 月 4 日清晨，同学们贴出了数十版的壁报特刊；4 日下午，联大等校学生自治会联合举行“五四”纪念会，会后举行了大游行，游行中群众高呼:“立即停止一党专政！”“组织联合政府！”“取消特务组织！”等口号；5 月 5 日有文艺晚会。此外，在这几日中还有球赛、美术展览、火炬竞走、全校聚餐等活动。并以联大全体学生名义发出对国是的意见宣言，严正地指出当时国民党统治区的情况是：“抗战八年来，国土连年丧失，人民惨遭涂炭；贪污已成泛滥的狂流、特务统治的工具；财富集中，通货膨胀，大多数人民不得不陷于饥饿、死亡中；统制思想，排除异己，正义的声音被迫归于暗哑；士兵辗转饥寒，接连溃败；外交固执成见，开罪友邦，社会正义全被凌夷，食血者流度其骄奢淫逸的生活，学术文化日趋贫困，顽固分子大肆其复古谬论。”宣言中提出了立即停止国民党一党专政，组织联合政府；立即取消一切特务活动，立即没收发国难财者的财产等六项要求。这项宣言在学生自治会提出草稿后，虽有少数反动分子的阻挠，但经过同学公开辩论，获得绝大多数系会级会的支持，终于以联大全体2500名同学的名义通过发出，表现了联大学生进步、民主和团结的精神。这项宣言也表明了中国共产党在这时提出的政治上的重大方针政策，已经获得联大绝大多数同学的公开和积极的支持响应。

1945年8月，联大师生热烈欢欣地迎接了抗日战争的最后胜利。学校准备在明年迁返平津，许多经过八年颠沛流离生活的师生渴望着重返故土。但是，随着抗战胜利的到来，国民党反动派却正准备着挑起大规模的内战，反人民反民主的反动措施在逐步加紧。联大师生和全国人民一样，原本期望着在打退日本帝国主义恢复国土之后建设一个民主、进步、富强的新中国，而今，统治者却倒行逆施，阻挡历史的前进道路，以维持和巩固其独裁统治。这种情况不能不使联大师生由胜利的欢欣转为忧虑甚至愤恨，并且密切地注视着形势的发展。

1945年10月初，蒋介石突然以武力迫使云南地方势力龙云下台，实行云南省政府的“改组”。在双方武装冲突下，昆明市内枪弹飞掠，联大师生在饱受惊扰之后，更直接地受到国民党反动派的特务统治。以云南省代主席李宗黄和警备司令关麟征为首的反动统治者，在云南遍布特务，公开反共反人民，甚至以搜捕散兵游勇为名，遍街逮捕青年学生。

1945年11月，国民党反动派在重庆军事会议之后，动员200万以上的军队开始进行反共反人民的内战。11月24日，联大冬青、文艺、社会科学研究会和南院女同学会等15个团体决定联名请求学生自治会通电反对内战。自治会决定在25日联合云南大学、中法大学和英语专科学校的学生自治会在云大举办反内战的时事晚会。而25日报上发表了云南省国民党党、政、军联席会议关于“禁止一切集会游行”的反动禁令。四校自治会决定将晚会改在联大校内举行。25日晚，联大图书馆前的大草坪上，四所大学以及各中学的同学6000人正在开会时，联大校舍被国民党第五军邱清泉部包围戒严，枪弹炮弹在同学们的头顶上往来飞掠，会场的电线也被割断。这种反动的武力迫害只是使同学们反内战的意志更加坚定，晚会在枪林弹雨下仍然照样举行。散会时已是深夜，军警包围戒严新校舍并不许散会群众外出，直到两小时后才得以绕道进城。对此事，云南警备司令曾公然声称：“学生有开会的自由，我也有开枪的自由。”

反动派的这种无理措施引起了同学们的极大愤慨，第二天报纸上中央社发的“昨晚西郊匪警”的诬蔑造谣消息更增加了这种愤慨。26日晨，新校舍墙上立即贴出了许多罢课抗议的大字报。在联大罢课后，昆明30余所大中学校的同学也都立即罢课响应，共同组织了昆明各校罢课联合会，通过了罢课宣言和反内战宣言，要求立即停止内战；反对美国助长中国内战，立即撤退驻华美军；立即结束国民党一党专政，召开政治协商会议，成立联合政府；切实保障人身自由；取消省政府禁止集会游行的非法禁令，等等。

在反动派种种阴谋都宣告失败以后，11月29日，在关麟征、李宗黄、邱清泉等召集的第四次秘密会议上，遂有对学生进行大屠杀的决定。30日，三青团云南团支部宣传科长周绅，率领了许多特务党棍在军校演习投掷手榴弹。12月1日，便发生了死伤数十名师生的“一二·一”惨案。

12月1日上午，国民党、三青团以及警备司令部、军官总队、鸿翔部队（伞兵）的特务党棍成群结队分头攻打昆明各校。在数百名军官总队的特务暴徒攻到新校舍门口时，同学们立即紧闭校门，把桌椅黑板堆集在门内阻塞通路、隔墙和特务们对垒，特务们曾一度攻破大门进到校内，情况非常紧急，但同学们齐声一呼，大家冲上前去把冲进门来的特务完全击退，并且俘获了一名。特务们同时对校门外的联大师生逞凶，将袁复礼教授和同学围住殴打。当特务投掷手榴弹时，在场的南菁中学教师于再被炸身亡。在数小时的战斗中，新校舍的同学以奋不顾身的勇敢精神，付出了数十人受伤的代价，保卫住了校舍未受侵入。

另一队特务大致在同一时间，攻向龙翔街联大师范学院，趁同学们正在吃午饭时闯入了院内，师院的同学们立即放下饭碗和特务搏斗，隔墙的昆华工校的同学们闻讯也越墙过来支援，同学们发起冲锋将特务打退。这时，特务投出了手榴弹，潘琰、李鲁连和昆工同学张华昌被炸殉难。

大群特务的行凶和四烈士的惨死，使同学们在极度悲愤的情绪下更坚定了反内战争民主的决心，更扩大和加强了反内战争民主的宣传和组织，誓以行动为四烈士复仇。“一二・一”惨案的消息在全国范围内也引起了各界人士对反动派的痛斥，延安、重庆、成都、上海等地各界开会追悼烈士，声援昆明学生。联大图书馆做了四烈士的灵堂，这里陈列着烈士们的血衣、遗物，挽联、悼词四周墙壁挂不下，扯上几十条长绳，挽联悬挂在长绳上，形成若干条挽联巷道。一天到晚，人流不断，半月之内来灵堂致祭者达到 10 万多人。我写了一副挽联，挂在山墙的高处："挟书者族，偶语者诛，驱四万万人民尽效鹦鹉舌、牛马走，转瞬咸阳成灰，千古共笑秦王计；杀身以仁，舍生以义，将一重重悲愤化作狮子吼、杜鹃魂，行看中国再建，日月长昭烈士心。"还有 500 多个团体组织了集体分祭，许多人是含着眼泪走进、咬牙切齿走出灵堂的。血淋淋的事实教育了人们，更加认清了反动派的面目。

为了打击反动派的阴谋，同学们在 12 月 16 日晚举行了反内战座谈会，在会上群众情绪高昂，一致通过坚持罢课，会后并举行了校内的游行。到第二天，除了极少数的三青团分子之外，绝大多数同学们坚持了罢课。

党所领导的罢课委员会一方面击破了反动派"无条件复课"的阴谋，另一方面考虑到运动必须在取得相当胜利时才能有条件地复课，以巩固胜利和继续争取中间派的同学和教师。12 月 27 日，在保障人身自由、言论集会自由、赔偿损失等五项条件取得地方政府公开保证后，同学们在罢委会领导下宣布复课。

"一二·一"运动继承和发扬了中国青年学生自"五四"和"一二·九"运动以来的光荣历史传统，推进了当时国内反内战争民主的浪潮，使广大群众认识了国民党政权的反动本质，提高了觉悟。在中国共产党的领导下，运动团结了绝大多数同学，胜利地粉碎了反动派的阴谋。“一二·一”运动也锻炼了同学们的战斗力量，丰富了学生运动和群众斗争的经验。经过“一二·一”运动的洗礼，许多同学在日后解放战争时期华北和云南的学生运动中成为积极的骨干力量。

1946年5月4日，西南联大在抗战时期的使命完成之后正式结束，联大的同学们按志愿分入北大、清华和南开三校，并开始复员迁返京津。同时在联大校址内，树立了西南联合大学纪念碑。碑文简述了联大八年的始末，最后一段说：“联合大学初定校歌，其辞始叹南迁流离之苦，中颂师生不屈之壮志，终寄最后胜利之期望，校以今日之成功，历历不爽，若合符契。”

联大的民主运动直接打击了国民党反动派，国民党对联大进步师生恨入骨髓。联大结束，教师与学生纷纷离校，留在昆明的为数很少，又值暑假期间，大、中学校都放假，国民党特务利用这个时机，于1946年7月11日先暗杀了李公朴，又于15日暗杀了联大教授闻一多，成为当时震惊中外的“李、闻血案”。“李、闻”的惨遭毒手，给北京大学师生留下了悲痛的记忆，使北大的师生对国民党反动派更加仇恨了。

西南联合大学时期的教学和科学研究活动

长沙临时大学包括三个学校，因而系科的设置比北京大学在北京时多了一个工学院，又多了一个商学系。当时临时大学有下列各系：文科方面有中国文学系、外国语文系、历史社会学系、哲学心理教育学系。理科方面的有物理系、化学系、生物学系、算学系、地质地理气象学系；工科方面有土木系、机械系、电机系、化工系；法商科方面的有经济系、政治系、法律系、商学系。

学校规模比从前北京大学扩大了，有些学系是北京大学前所未有的。从长沙迁校到昆明以后，系科又有所增加，比长沙临时大学时又有所扩大，还增设了一个师范学院。共有 5 个学院 26 个系。三校共有的系在合并后，有教授过多的现象。为了满足教员的教学工作最低授课时数，开设课程很多，甚至有些杂乱。八年来，据不完全统计，西南联大开过的功课（重复的课程不算）共达1600门以上。这里面不免有因人设课的地方。

当时教授的生活是十分困苦的。国民党军事上的退败和政治上的腐化，使国民党的反动本质更加在广大人民中间暴露出来，官僚资本对人民的搜刮日益加重。到 1940 年，昆明的物价已在国民党统治区居于首位，并且还不断高涨。依靠薪给收入的工人和公教人员的生活受到极严重的威胁，大部分学生也因营养缺乏而损坏了健康。联大的教师学生已经和广大人民一同成为饥饿线上的挣扎者。通货膨胀和物价上涨的结果使联大教授每月薪金的购买力在一个时期仅合到战前的 8 元左右，这个数目根本不能维持一家大小最低限度的生活。联大的教授们曾再三向国民党政府提出略增薪金的要求，例如曾联合公开上书希望将大学教授的薪金维持在战前购买力的 30 元左右，而每次都遭到统治者的拒绝或不理睬。像闻一多教授全家从每天的三顿干饭改为两顿，两顿干饭还不能维持时就只能喝稀饭，菜蔬从白菜豆腐而降为豆渣，全家都需束紧腰带忍受饥饿。许多教授因为躲避轰炸而被疏散住在昆明乡间的村镇中，到学校授课每次都要往返步行数十里。即使在如此困难的情况下，多数教师们还是认真地坚持了教学工作。

为了改进教学工作，有许多系编制了一些教材和教本，比如中国文学系编印的《国立西南联合大学国文选》曾增订改选重印了好几次，1944 年编选的《国立西南联大语体文示范》由作家书屋代为印行，其他学校也有采用。工学院也编写了几种大学的丛书。西南联大创办的《国文月刊》，从 1940 年起由开明书店发行，成为国内关于国文教学的定期刊物。

西南联大的定期学术报告会也是当时教学活动中的一个特别方式。比如从1942年起，中文、历史两系共同组织的文史讲演会，约请校内外的专家轮流主讲，共举行了50余次，其中包括文学、史学、哲学、艺术各方面的问题。此外，新文艺座谈会、诗歌朗诵会，也经常在教授的参加下举行。这种性质的集会，多半和民主革命运动相配合，在广大群众中经常起着宣传、鼓动作用，和上述的文史讲演会一味追寻古代趣味的讲演不同。

关于时事报告（国际、国内政治形势的分析），也是经常举行。这种学术性的报告经常反映两条政治路线的斗争。有些反动教授假借学术报告的幌子替蒋介石的专制独裁吹捧，但是这种讲演越到后来越不受同学的欢迎。也有进步教授通过学术讲演宣传革命的道理，揭露国民党的腐败、无耻、不得人心。这样的讲演经常是听众最感兴趣的。

由于教学设备较差，学校经费又十分困难，西南联大师生在极端艰苦的条件下，克服了许多困难，改进了教学。有的系利用当时的条件，开创了新的教学和研究的领域。比如，中文系开设了“汉藏语调查”及“汉越语研究”的课程就是利用昆明的有利条件开出来的新课程，通过这些课程培养了一些从事实际调查的语言学人才。又如，地质地理气象学系建不起气象台，教学工作发生困难，他们就利用联大墙外一座旧碉堡改装后，变成了一座简单的气象台了。如理科与工科各系，经费不足，仪器不足，多半采取了和企业部门合作的方式解决教学和实习的困难。工学院有些系有附属工厂的，也利用生产的利润来补助教学经费之不足。

当时勤俭、刻苦的精神也很值得回忆。化学系自制泥炉烧木炭以代替煤气炉和电炉。生物系有一次房屋被敌机炸毁，警报解除后，师生从弹坑中挖出仪器，加以整理，仅仅隔了一天，又照常上课了。当时教学和研究条件十分困难，没有多少钱可供使用，反而使得许多师生经常开动脑筋，工作也踏实一些。没有大量钱购买书，因而在研究中，只钻书本、查文献、不肯动手的缺点比起以前和以后的情况来，都要少一些。

比如闻一多研究古代诗歌，他就经常从当时云南兄弟民族的民歌中得到启发；有的教授研究三礼，也经常从兄弟民族的婚丧大事、风俗习惯中做比较研究。

北京大学研究院文科研究所于 1939 年恢复招生，法科研究所也于同年恢复。文科研究所设在城内靛花巷，法科研究所设在冈头村。

1942年，文科研究所与中央研究院合作，组织西北考察团，到西北敦煌一带考察。

因抗战初期，日本飞机经常轰炸市区，文科研究所由靛花巷迁往昆明东北郊龙泉镇宝台山。1944年，敌机不敢来扰乱，又迁回昆明才盛巷。

为教学和科学研究服务的图书馆，在西南联大时期也是在十分艰苦的条件下工作的。临时大学时期，三校的图书没有运出来。为了教学的需要，临时在长沙收集了一部分。临时大学的中文书约5000册，西文书约1000册。学校迁到昆明，改为西南联合大学以后，陆续增加。中文、日文书籍共有34100册，西文书籍共有13900册。1940年，英国牛津大学赠书1454册。外文期刊，清华、北大合起来近百种。但当时北京图书馆也迁到昆明，他们有外文期刊（包括文、理、工各科）共1700多种，对于联大有不少的帮助。在1941年以前，中央研究院历史语言研究所的图书馆设在龙泉镇宝台山，和北京大学也有互相借书的联系，这对于西南联大的教学也有所帮助。

北京大学原来教师共分为四级：教授、副教授、专任讲师、助教。抗日战争后，与清华大学、南开大学合并后，三校行政管理和人事制度完全划一。抗日战争结束后，三校分家，北大仍旧继承西南联大的教师五级制，院系调整后，才又改为四级制。西南联大教师共分五级，这是参照了清华大学的制度而加以改变的，分为教授、副教授、专任讲师、教员、助教。有些外籍的在中国短期讲课的教授，称为“客座教授”。此外，有“研究助教”多半是研究院毕业后不担任教学工作的职称，地位相当于专任讲师。有“半时助教”，教学任务相当于助教的一半，可以进修，但工资只有助教的一半。至于各级行政领导，只有三个常务委员是专职，其余各级负责人如总务长、教务长、各院的院长、各系的系主任都是由教授兼任的。这里也可以看出在西南联大时期的“教授治校”的风气，至于训导长是由国民党系统直接委派的，不一定由教授担任。

临时大学和西南联合大学的常务委员会是由北京大学校长蒋梦麟、清华大学校长梅贻琦、南开大学校长张伯苓三人组成。1945 年，蒋梦麟辞去北京大学校长一职，国民党教育部派胡适为北京大学校长，胡适当时在美国。胡适未到校前，由傅斯年任代理校长。

原载于《任继愈文集》第十卷，

国家图书馆出版社 2014 年第一版。

抗战时期西南联大散记

日寇侵占华北，“七七”抗战开始。原在北平的北大、清华和天津的南开大学，奉命迁往湖南长沙，成立“临时大学”，临时大学在长沙驻有半年，又奉命迁往云南昆明。临时大学改名为“国立西南联合大学”，一直到 1946 年夏联大宣布结束，北方三所大学分别回到原来的校址办学，虽只有短短八九年的时间，它在中国教育史上却留下了不可磨灭的、光辉的一段历史。

西南联大与我国抗日战争相始终。这所大学在颠沛流离中创建，在日寇飞机轰炸的间隙中上课，以极其简陋的仪器设备从事研究工作，即使在这样的条件下，不但办下来了，而且办得有声有色。这个大学在短短八九年中为中国革命锻炼了大批革命骨干，为新中国的建设造就了大量优秀人才。西南联大的成就，在国内外各学科前沿开拓了新领域，在国际上也处在世界前沿地位。联大师生们的成绩是在半饥半饱的状态下完成的。

第一流的大学，教学与科研并重，两者相辅相成互相促进。西南联大不仅做到了，而且这两方面都处于各个学术领域的前沿。当时选送出国的留学生，到了国外也是尖子，这说明西南联大早已与国外一流大学接轨。

1943 年 12 月，林语堂从美国回来应邀在西南联大讲演，题目是《精神文明与物质文明》，他对联大艰苦的师生生活为之感动，说“不得了”。同时对联大师生战胜困难取得的成绩连称“了不得”。

西南联大理工科的成就，早已引起广泛的注意，很多人耳熟能详。像我国两弹一星的研制开发群体，联大人占了相当高的比例。诺贝尔奖获得者李政道、杨振宁，当年青年数学明星陈省身、许宝騄、华罗庚，物理学领域的周培源、吴大猷、赵忠尧，化学领域的曾昭抡、杨石先，植物学领域的汤佩松、吴征镒、戴芳澜，农学领域的俞大绂、娄成后，等等，已为人所共知，不必一一举例。

这里只凭回忆，说说西南联大文科的一些片段往事。

人文胜况

人文科学、社会科学方面，西南联大教师们的成就当年在全国也是领先的。这一点似乎人们注意得不多，现在补充说一说。比如闻一多研究《诗经》《楚辞》，文献考证功力深厚，他后来利用西南地区民族、民俗的活化石，为他的学术造诣开了新生面。

语言学大师罗常培，利用西南地区的特殊条件（云南省就有22个少数民族）开辟了少数民族语言新领域，为我国培养了新一代的民族语言研究人才，如马学良、傅懋勣等人都成为国际知名的专家。新中国成立民族语言研究所，这些青年学者成为骨干，为少数民族创制新文字，这批专家成了主力军，我国少数民族学的基本队伍是在联大时期培养的。

“西洋哲学编译会”，主持西洋哲学名著翻译工作，造就了不少哲学翻译人才。新中国成立后，商务印书馆出版的西洋哲学名著系列丛书，主要是西南联大时期的一批青年学者完成的。他还系统介绍了黑格尔哲学，新中国的黑格尔研究，贺麟有开山功劳。

金岳霖的《知识论》是他在联大的讲稿，他的哲学著作《论道》是他跑警报时在山坡上构思完成的代表作。汤用彤的《汉魏两晋南北朝佛教史》出版半个多世纪以来，国内外还没有一部著作可以取代它的权威地位。熊十力的《新唯识论》（语体文本）是这一时期完成的。洪谦是向国内学术界介绍维也纳学派的第一人。

钱穆的《国史大纲》出版的扉页上写着“谨以此书献给抗战的百万将士”，这部中国通史成为各大学首选的教材。历史系雷海宗讲授中国通史，他上课只带几支粉笔、不带讲义书本，能将历史事件、年代讲授得准确无误。结合他丰富的世界史知识，把中国古代史放在世界历史的大范围内来观察，使学生增加了知识、开拓了眼界。陈寅恪讲“佛典翻译文学”选修课，上课时带了一包袱书，从不翻看，娓娓讲来，令听者忘倦。西南联大不采用当时教育部规定的作为全国通用的政治课《党义》教材，以《伦理学》取代国民党的“党义”课的大学，全国只有西南联大一家。

百家争鸣

百家争鸣成为西南联大的学风。北大中文教授罗庸讲“唐诗”课，第二年清华中文系教授闻一多也开“唐诗”课。闻一多讲选修课《楚辞》，第二年罗庸也开了《楚辞》课。两人讲授的风格、内容各异，同学受益很多。沈有鼎为哲学系开《周易》课，听讲只有三五个学生，闻一多也杂坐在学生中听讲。郑昕开“康德哲学”课，数学系教授程毓准也来听课。陈寅恪讲“佛典翻译文学”，中文系、历史系、哲学系的助教、讲师都来听课，本科生反倒不多，陈遂有“教授的教授”之称号。院址在昆明东南部、联大校本部，文、理、法各科都在昆明市的西北部，联大工学院的学生有的走好几里路听文科的课。学生中跨系听课现象蔚成风气。一年级国文课，全校文理及工科共同必修，共十多个班，讲课的教师中有李广田、沈从文、余冠英等十来位教师，讲课各有特色，这种气氛也只有在西南联大才能见到。

百家争鸣，学术民主——不但在同辈中盛行，师生之间也不鲜见这种宽容求是的事例。历史系王玉哲在北大历史系二年级时，对傅斯年研究《齐物论》的观点提出不同意见，在刊物上反驳。傅斯年在西南联大担任北大文科研究所所长，招研究生，王玉哲想报考研究生，又怕傅老师对他有芥蒂，后来壮着胆子报考了，并被录取，师生相处得好。

杨振声指导大学本科四年级学生写论文，这位学生写的是研究曹禺的题目，迟迟写不出，杨约学生谈话。原来学生的观点与杨先生不尽一致，怕导师通不过。杨振声告诉他，只要认真研究，掌握原始材料，言之成理，持之有故，尽可写成论文，师生完全一个样，学术怎能发展？学术面前，只重证据，不论资格。听说这位青年后来成了中山大学的名教授，并经常以此精神教导下一代。

北大文科研究所一年级青年研究生杨志玖研究元史，看到欧洲一位著名汉学家著文说“马可·波罗没有到过中国”。杨志玖用过硬的原始材料驳斥了这位汉学家。迄今为止，关于马可·波罗在中国的活动，杨志玖的观点在国际上已成为定论。

课余学术演讲会

抗战后半阶段，日本发动太平洋战争，美国派来志愿空军，在昆明建立空军的“飞虎队”驻昆明，经过几次空战，打下来日本飞机多架，使日寇飞机不敢再来空袭，上课时间比较正常了。中缅公路修通后，昆明成了对外交通的通道，联大有时邀请归国过路的名人讲演，我记得的有顾维钧、焦菊隐、徐悲鸿，美国回来的林语堂，牛津大学的Daods，出国作战、在缅甸密支那城全歼日本侵略军的杜聿明，等等。西南联大学术空气很浓，学术演讲几乎天天都有，有时一天还不止一场，有文艺的、学术的、时事的，还有如诗歌朗诵、音乐欣赏等，活动多在每天晚饭后，星期日则在白天，有不同爱好的同学可以有选择地自由参加。以上这些都是临时性的，联大师生经常举办的不同社团组织的歌咏、诗朗诵、话剧等也很活跃。师生们虽然物质生活艰苦，但是精神生活却十分活跃丰富。

徐悲鸿谈画

徐悲鸿先生由欧洲经苏联回国，经过昆明，联大学生邀请他演讲。他结识了不少苏联画家，还在苏联参观苏联红军卫国战争画展。他说苏联卫国战争调动了全国各界的爱国热情，艺术家也充分发挥了它的积极作用。苏联画展组织者动员了全国有名的不同流派拿出作品参展，其中大量作品是描写红军抗击德国纳粹的战争。也有些老画家，没有画过红军卫国战争的作品。为了使画展丰富多彩，表明全苏联不同流派一致的团结卫国精神，尽量动员艺术界更多成员参加。当画展组织邀请这些老画家拿出作品时，一位老画家生气地说："没有，都给钉上木板了。"（因为当年苏联革命成功后，把不是直接表现革命的绘画作品封闭起来,教堂的宗教故事画用木条钉上谢绝参观,这类极左的行为曾引起一些画家的不满）经画展组织者一再劝说，这位老画家拿出一幅乡村风景画。徐悲鸿在画展会上看了这一幅画，题名"绿舞"，一棵大树屹立在田野上，树叶迎风飞舞，生动极了。恰好有几个青年参观者也在欣赏这幅画，问解说员："这大树和房子很好，画上怎么不见红军啊？"解说员机敏地回答："你不是看见树后这所房子了吗？红军隐蔽在房子后面啊！"

徐悲鸿先生在法国留学期间创作了一幅古代寓言画，画的是明清之际流行于社会上的一首歌谣，"他人骑马我骑驴，中怀怏怏恨不如，回头又见推车汉，心下一时稍舒齐"。大意是说，有人看到别人骑马、自己骑驴，心中不平衡，回头又看见推车汉子大汗淋漓地推车上坡，心中的不平衡又缓解了好多。这首歌谣在于说明每一个人的生活水平，总是"比上不足，比下有余”的，教人安分守己，并没有什么“革命性”。苏联的画家同行们看到这幅推车图，他们虽不懂汉文，却很欣赏画中的推车人两臂肌肉丰满凸起，很有力量，称赞把劳动人民的精神画出来了，要求赠给国家美术馆收藏，徐悲鸿先生答应了。新中国成立后，有一年我去苏联，参观苏联美术馆时曾向有关方面打听徐悲鸿的这幅推车图是否还在，他们说，展品有千百件经常轮换，一时很难查找了。很遗憾没有亲眼看一看徐悲鸿先生的这幅“推车图”。

焦菊隐谈二战时期的英国人民

纳粹德国首先发明飞弹（后译为导弹）V1、V2，用来攻击伦敦，造成居民伤亡，建筑被毁，危及交通，市内道路通行天天改变。当时伦敦一家大百货公司遭到飞弹袭击，屋顶炸穿，被开了天窗。公司门口布告：Open as usual（照常营业）。第二天又被炸了，屋顶的破洞更大了。百货公司又公告：More open as usual（更加照常营业）。英国人民巧用 open 这个双关语，more open 既表示对敌人的藐视，又体现出伦敦市民遭轰炸而不气馁的乐观幽默的性格。居民生活用水、食物均按定量配给。洗澡规定只能放半盆水，无人监督，市民都能自觉遵守。丘吉尔七十岁生日，配给部多发给半磅茶叶，附言说“为了祝贺您的生日”。像丘吉尔这位英国战时最高统帅也并不比一般市民特殊。

经常性的学术讲演

西南联大人文学科专家大师云集，学术风气活跃。北大文科研究所罗常培教授积极组织了一系列学术报告会。联大许多学术社团组织，也经常开展各种学术活动。我听过的学术讲演，现在记得清楚的有汤用彤先生的《言意之辩》后来收入他的《魏晋玄学论稿》。向达先生的《唐代俗讲考》，介绍唐代的寺院培养一批能言善道的僧人，以讲故事的方式向群众宣传佛教信仰，讲述因果报应。长篇故事有连续性，十天半月也讲不完，从甲地换到乙地接着讲，听讲者听得入迷，经常追随讲者也从甲地到乙地。冯友兰先生讲《禅宗思想方法》，说禅宗的认识论用的是“负的方法”，用否定的词句表达肯定的意义，以非语言的行为表达语言不能表达的意义，“说就是不说”。讲演散会时，天气转凉，冯先生带了一件马褂穿在身上，冯自言自语地说：“我穿就是不穿。”这部分内容收入了他的《新知言》一章里。贺麟先生讲《知行合一新论》，对王阳明的“知行合一”、孙中山的“知难行易”，有所发挥。低层次的“知”和低层次的“行”是合一的，高层次的“知”和高层次的“行”是合一的。他说大学教授运用大脑，是大学教授的“知行合一”；舞女运用大腿，是舞女的“知行合一”。主持讲演会的汤用彤先生宣布散会时说：“我们大脑运用完了，也该运用我们的大腿了。”《知行合一新论》收入他的《会通集》。

化工系陈国符先生在德国专攻造纸，他业余常到北大文科研究所的图书室翻阅我国道教全书《道藏》，在讲演会上他讲《道藏源流考》，这是他探索道教的开始。他这项业余爱好从此一发不可收拾，后来逐渐深入，其成就和影响超过了他的化工造纸专业。他的道教受到国内外同行的称道，只是他乡音浓重的常熟方言不好懂，喜欢用强调副词“交关”，讲一两句就出现一次“交关”。有一位听众，散会后走在路上还喃喃地说“他的话交关难懂”。

法学院一位教授在昆中北院做世界形势的报告，分析德苏不会开战，提出有四条根据，先讲了两条，中间休息二十分钟。恰好这时街上报童叫喊“号外，号外”“德苏开战了，德苏开战了”。主讲人颇感尴尬，宣布下半讲不讲了，提前结束。其实，世界风云变幻莫测，一个书生仅仅根据报刊、文献提供的有限信息资料去做判断，结论有误完全可以理解。后来“二战”记载德国出兵进攻苏联，连斯大林还判断失误，何况远离实际的东方学者呢？这位教授依旧受到学生们的爱戴。

西南联大的学术讲坛，也吸引了外省学者的兴趣。重庆中央大学历史系黎东方教授到昆明讲“三国历史讲座”，租用省党部的礼堂，售票讲演，听众踊跃。送给联大历史系教授们一些票，姚从吾、郑天挺等先生都去听过，我也分得一张票。他为了适应广大听众的趣味，黎东方先生讲历史故事时，经常加进一些噱头。讲三国时期吕布与董卓的矛盾，把《三国演义》的一些情节加以演绎：“吕充当董卓的贴身侍从武官，住进相府。吕布就在客厅支了一张行军床，这样与貂蝉见面的机会多了，随便谈谈三花牌口红的优劣，谈得很投机……”由于黎东方善于随时加进一些“调料”，他的讲演上座率不错，听说他在重庆的讲座也很受欢迎。我只听过他一次讲三国，在散会回来的路上与姚从吾先生随走随聊，认为用这种方式向一般市民普及历史有长处，但这只有黎东方教授有天才能办到，我们学不了。

剩余的话

办学的目的是培养建国人才。建设国家，首先要爱这个国家，而且必须是关心民族命运的爱国者。联大师生有不同的政治立场，有“左”的，也有右的，绝大多数是中间群众。他们政治立场虽有分歧，但共同的信念是爱国、保卫国家、抵抗外来侵略者、争取民族独立。这种情况与当时抗战时期的总形势和中华民族的历史使命是一致的。

抗战胜利后，日本投降，西南联大解散。三校分开后各立门户，日子过得还不错，但总感到似乎还缺少点什么。西南联大的形象长期留在人们的记忆里，历久弥新。

这些琐事说也说不完，只可作为茶余饭后闲谈凑凑热闹。事隔六十多年，记忆犹新，愿与西南联大校友分享一段逝去的生动活泼的生活。

原载于《任继愈文集》第十卷，

国家图书馆出版社2014年第一版。

我心中的西南联大

2007 年 11 月 1 日，是西南联大建校 70 周年。联大北京校友会会集师长、同学及与联大有密切联系者撰写的 113 篇文章，编成《我心中的西南联大》一书，从各个侧面记叙了西南联大的爱国主义精神、民主科学传统、学术自由风气、大师如云盛况以及异彩纷呈的业余文化生活等，内容翔实，生动感人。这本书的出版发行，可以使更多人了解联大、认识联大，我认为是很有意义的。

联大成立之初，只是为了把大学教育的长明灯持续下来，保持我国的学术文化不中断。北大、清华、南开三校在长沙合并为一校时称“临时大学”，迁昆明后正式定名称“国立西南联合大学”。三校各推一人为常委，蒋梦麟（北大）、梅贻琦（清华）、张伯苓（南开），三校常委集体负责领导。蒋梦麟、张伯苓常驻重庆，常委长期主持人是梅贻琦校长。

西南联大值得怀念的是它的自由宽容、博大深宏的学风。团结师生的唯一凝聚力是爱国主义。

国民党时期，全国高校都要上“党义”课。教者照本宣科，课堂稀稀拉拉，学生勉强应付。西南联大不设“党义”课，以伦理学代替“党义”，全国院校只此一家。全校学生分为四个大班，由哲学教师四人分担。当时没有容纳这样许多人的大教室，就在露天上课，记得哲学系讲师齐良骥、石峻、王逊都教过伦理学，冯友兰先生也教过一个班，在大树底下讲课，他戏称这是“杏坛设教”（曲阜孔庙有“杏坛”，相传孔子讲学处）。

沈有鼎讲《周易》，这部书太难懂，只有两三个听众，其中闻一多教授也去听课。郑昕讲康德哲学，听课的有数学教授程毓淮。

联大教授重创新，都以讲自己的教材为荣，以讲现成的教科书为不光彩，这也是其他大学稀见的。

联大抓体育抓得很紧，功课都及格，体育不及格不能毕业。还规定文科学生必选一门自然科学，理科生必选一门人文科学，目的在于培养通识人才。有的系鼓励选修第二外语，如哲学系学德语，为了读康德、黑格尔的著作。

入学第一年，英文、国文（语文）都是重点必修课，必须学好，这两门课程不及格，不能升级。一年级语文课教师，记得有余冠英、李广田、沈从文等十来位。英语教师有王佐良、李赋宁、叶柽、查良铮等十来位，这些教大一英文、国文的教员后来都成了知名的诗人、专家、学者。

1943 年，中国也派遣远征军出国到缅甸与美英联军共同作战。中国军队需要大量翻译到美英军中当译员（上尉军衔），时值寒假（只差半年毕业），西南联大号召全校四年级的男生都去当翻译，体检合格后先培训一个月即上岗。可见西南联大学生英文基础比较扎实，文、理、法、工各科学生都能胜任，有的翻译官后来立了功。

平时学生考试，不必按照教师的讲义来答卷，意见与教师相反，只要有根据，就可以拿高分。记得经济系陈岱孙教授开《财政学》，这是一门既有理论又要联系实际的课程。经济系的同学说有一年考试题目是“假若我当财政部长”。西南联大之所以人才辈出，既有个人的努力，也与这个鼓励创新的学风有关。

西南联大办校正值战争年代，有一半的日子天天躲避日寇飞机轰炸，物价飞涨。师生在半饥半饱的状况下，却为中华民族培养了一大批人才。从1938年至1946年，先后在联大毕业的本科生（包括持北大、清华、南开学籍的），总计有3700余人。这些毕业生在当时以及新中国成立后都发挥了积极作用。当时西南联大已经是世界第一流。已有事实证明，西南联大选送出国的优秀学生，到外国也是该校专业的尖子，有的人当了课题组的领军人物。凡是到过西南联大的中外学者，都认为西南联大创造了办大学的奇迹。

所谓奇迹，无非是对稀见事物的一种称谓，奇迹出现绝非偶然。魏晋哲学家王弼说过“物无妄然，必由其理”。

在1942年6月，当时的教育部部长陈立夫，三次下命令给西南联大，要求全国教材内容、考试方式、课程设施都要全国统一，由教育部核准。西南联大教授们经过认真考虑、讨论，对教育部的办法提出异议。全文较长，又是文言，简述大意如下：

大学包罗万象，任务为百年树人，各大学自有其教学经验，宜稳定，不宜多变。同一课程，不同学校，讲授内容各不相同，教育部行政领导时有更迭，如果一切都由教育部决定，朝令夕改，大学将无所适从。今天的教育部官员，也多当过大学教授。当他当教授时，专教一门专业，兢兢业业，尚恐出错。为什么到了部里，忽然成了万能的指挥者（原文为“智周万物”），实在令人难以理解。三校创办之初，办学方针都是遵循教育部方针办的，施行多年，为国培养人才，说不上有功，尚未出现流弊。全国大学，水平参差不齐。教育部的统一教材、统一课程的规定似可以允许例外。

呈文发出后，未见教育部第四次来文，师生们松了一口气。

西南联大没有什么独特之处，其实就是原来北大、清华、南开三校奉行多年、行之有效的方针，就是“海纳百川，心系天下（爱国主义），百家争鸣，不断创新”，也就是“五四”精神在教育方面的具体化。由于民国期间长期军阀混战、政治混乱，只有教育界几所有水平的大学保持着“五四”以来的“科学与民主”这一小块净土。政府定都南京，北平成为文化城市。

这种环境使北大、清华、南开等校得以按照教育规律办学。办学方针实事求是，教学方式百家争鸣，不强求纳入一个模式。同一课程，如“唐诗”，闻一多与罗庸两人观点不同。一样的古文字学，唐兰与陈梦家不同。同一课程、同一教授，今年与去年不同。教授之间，互相听课，师生之间可以互相保留不同的学术观点，撰写论文。学生可以不同意导师的见解，只要持之有故，有充实的根据，教师可通过他的论文。

联大不提倡读死书，同学都关心国家大事。当时的头等大事是支持抗战。在科研工作中从不抱残守缺，在战时与海外大学交流十分困难的条件下，师生们密切关注国际学术前沿各领域，有人回国带回一本新书（江泽涵教授的一本《拓扑学》），当时尚不具备复印条件，教授们曾辗转手抄。

我在西南联大先当学生，后来又当教师。我是北大文科研究所的第一批研究生（一共招过两届，我是第一届）。研究生与北大几位导师教授同住在一个宿舍（靛花巷）又在同一个餐厅开伙食，因为房间小，分在两处用餐。师生们朝夕相处谈学问，也谈生活，议论政治，也随时讲些历史掌故，师生关系十分融洽。据我所知，这种师生之间互相关心帮助的风气，三校其他院系也有。如清华大学文科研究所学生帮助老师买菜，物理系的吴大猷夫人患急病，学生朱光亚背着送医院。此种故事甚多，无须多举。师生之间朝夕见面经常交流，有学术的，有思想的，这有点像古代的书院。北大文科研究所，正所长是傅斯年，副所长是郑天挺，罗常培戏称郑天挺先生为“山长”（古代的书院的导师及主持人）。与我们同住的导师有罗常培、郑天挺、陈寅恪、汤用彤、姚从吾几位。

第一批研究生中，后来知名的有王玉哲（南开大学）、杨志玖（南开大学）、阴法鲁（北京大学）、周法高（台湾，院士）、逯钦立（东北师大）等。

清华大学的研究生有王瑶、冯契、季镇淮、王浩等，南开未招研究生。

如问联大何以能够创造奇迹，可以明确回答，这奇迹来自1919年“五四”爱国运动，西南联大关心天下大事（外抗日寇，内争民主）、实事求是的科学精神、尊重别人的民主传统，“五四”的火炬在联大师生手中传承下来。当时云南有地方政府对重庆的干预有所抵制，在这种环境下，也增长了西南联大民主运动空间。

当年的西南联大师生人人关心国家命运，抗战必胜，日寇必败，已成为联大师生的共识。“五四”精神不仅在抗战时期的西南联大发挥了积极作用，今天的实现科学发展观、发扬民主，也是中华民族为之奋斗的总课题。西南联大虽已结束，联大精神是常青的，百年树人，实现科学发展观已成为全民族前进的大方向。前景无限，共同奋斗，任重道远。

原载于《我心中的西南联大》（序），
清华大学出版社2008年版。

回忆西南联大

采访札记

拜访文科的学者，与采访数、理、化的大师们，对我来说心情又是不一样的。后者对我有距离感与威严感，对那些陌生而又绝对物质和力度的世界，我不免唯唯诺诺。而专家们也怀了对我们这些外行的宽容，尽量用通俗的语言介绍他们的工作。同时，由于职业的严谨习惯，他们的谈话逻辑清晰、不旁生枝叶，令人肃穆。采访提纲完成，我也就屏退了。

而在文界的前辈及大师面前，我自学生时代就随心所欲惯了。他们用文化的包容度来看我的个性，使我更加自如，得其所哉。

任继愈先生说过，我的文笔很野。并说，这个“野”很好。别的人想野还野不起来。

任先生又赞赏云南人的性格好。比如一件事在上海，拿钱肯定摆平了，但云南人不行，他不喜欢不接受的东西，你再拿钱他也不干。任先生认为这就显出了人的个性和人性。他说得真是太了解云南边民了，我们自称叫“民族脾气”。你触犯了人的自尊或忌讳时，人家就要大发“民族脾气”，什么道理也不听，更不理会收买。

也许正是任老怀了这样深刻的对云南的了解和感情，令我在他的面前极其轻松惬意，竟有前后三次采访，非正式的还不算。收获之大、启迪之广，实在是我采访生涯中之最。应该说，任继愈先生那提纲挈领的哲思、洞彻历史的见地、谈笑风生的潇洒，使我在最初的关于《西南联大启示录》构思、定位、风格、角度等诸方面获得了最直接的营养，令我最终形成了至今问世的这些文学的、细节的、故事的、寓理的、哲学的、淡泊的、言简意赅的专题片。

与任先生的交往，是在日渐发展和加深的，他无疑是对我凌乱的思想仓库起到了一个升华和“盘点”作用的人，故对我有经久不衰的魅力。

首访任先生，是在一个阳光明媚的日子。一楼客厅里，那遮蔽了整整一面墙壁的古色古香的书柜，被我们用作了背景。西服倜傥的任先生坐在那里侃侃而谈，仿佛一见如故的老友。那一次讲到的两大统治中国历史的意识，一是“统一”，一是“气节”，对我震动很大。

原来从“逐鹿中原”“楚汉相争”到三国鼎立，唐之大治，宋之萎靡，中国就在这一次次“统一”的理想和现实中形成了自己的生存精神和那打不散的文化内核。自蒙古王朝到满人入关，18 世纪，正是世界各国规模奠定之际，多元的中国从此稳定。

而“气节”这份精神遗产，若用形而上观来衡量是矛盾的。比如爱国诗人屈原，难道后代崇奉他就只是因为他爱楚国吗？又如名将岳飞，气壮河山之《满江红》又岂可看作是“蔑视少数民族”？在彼时彼地的环境中，他们的这种抗争正体现了统一过程中的主流精神，始终是以一股正气作为引导的。在历史的熊熊熔炉中，被整个中华民族所认可、传承，成为能够抵御任何威胁的精神财富。

任先生讲：“对于中华民族而言，统一，是正常的；不统一，则是不正常的。”故每当天下分裂，英雄豪杰都要奋起，来实现一个以他们自己为主体的统一。而这也正是符合人民意愿的。

这恰恰提升和回答了我在北大一年级时提出的一个问题。我当时认为，朝代越持久，所积累的财富、物质文明和精神文明就越丰厚伟大。人才的积累成长、学术流派的形成包括体制的完善就会留下更大成就，否则为什么我们要称自己为汉唐的子孙呢？而每一次改朝换代，无论是农民暴动还是外族入侵，所毁掉的都不是那种封建落后的体制，而是无辜的城市和乡村，废建筑荒田园。所以，并没有带来真正意义的社会进步。

我想，任先生讲到点子上了——统一，是国家发展的前提。焦土之上，谈何文明？君不见纷乱中东，生于战火、死于硝烟，还有什么人的乐趣、人的感受、人的追求呢？

气节，在当代应演化成各种信念的原则性，做人的底线。

从第一次拜访任继愈，就有一种想从他那儿多学一点东西的愿望。上大学时我就到哲学系修过《小逻辑》，对历史更是自幼爱之。总想找到一个从文、史、哲的综合高度上来看问题的角度，清理头脑里诸多古今中外、杂感丛生的思想。

第二次采访任老，是请他讲解那篇由冯友兰先生撰写的西南联大的纪念碑文，这是由冯先生的女儿宗璞点名提出来的，她并当场给她的堂姐冯钟芸先生打了电话。冯友兰先生的这篇碑文的确是杰作，不过后来因为我想采用“追求史实”，而“文采次之”的风格，这一段讲释没有被用进《启示录》。

第三次又采访任继愈，实是出于无奈。我想他老人家已经从电话中听出我的哀告之声，所以他慨然应允，地点就在国图楼上他的办公室。

那时《启示录》这部片子已定在央视 10 频道的《探索与发现》栏目播出，为吻合栏目时间长度，正在进行一次大的剪裁，并决定增加充实当年师生们南下的细节。于是增加了闻一多“子闻立鹏”的一段讲述、一段吴宓乘车离京时的日记，而学生方面，数来数去竟唯有任继愈是可以寻访到的，任老是当年从老家山东看到通知后便赶赴长沙的学生。

任老能够详尽地讲述长沙的生活，甚至遇到老虎的细节。他尤其讲到岳麓山上的道教文化和佛教文化，说这是他注意中国宗教历史的一个发端。

那天还有一大收获，是我们在任先生办公室里拍摄到一本先生为我们找出的珍稀画册——由日军和同盟国友军在中国拍摄的当年战争的照片所组成。北平沦陷时期的几张照片用在片子里了，央视的人都感到惊异，没见过，连问我：“从哪儿搞到的？”

至此，一个当年玉树临风的青年出现于我的脑海中。曾游历于岳麓山下，又步行在衡山湘水、滇黔之险道上的大学生，饱历战火，亲见穷胞，千里奔袭，大志遂成。他的思想、他的志向、他的治学底蕴、他的人生精神，都在这八年之中完成了、奠基了。

所以我想，任继愈应是文科学生走出象牙塔的一个经典。本来我有一个思路：很想用这么几个灵魂和事业的铸成过程，用具体几个人物来说明这场战争洗礼对中国知识分子的影响，包括陈寅恪，有摧残的一面，也有成就的一面。但这个思路涉及太深，容易引起争论。这样来编，已经不是客观的史，而是立足于“论”，个人的特色和局限性很大，我还是只能把它先放下，先做一个史的轮廓，才谈得上后面。

任继愈是其中的幸运者，以他的年轻、才气、博大思维，成为烈火中铸成的凤凰。而许许多多的人都没有如此幸运，在烈火中涅槃了。

陈寅恪先生，史之奇才大家，就在这战火中不仅丧失了宝贵的研究资料，而且丧失了眼力，疾不待治，错过了他一生治学的盛年时期。

玉兰花盛开的时候，我又闲访过任继愈先生，并在他的同意下做了录音。这一次他给我讲到“小农治国”的危害性。这时候我感到哲学也像一种宗教，使人能够超脱地、冷静地看这个世界、看自己的历史。同时我感到任先生正有许多鲜活的东西要告诉世人。但作为学者，他又有许多大典要编纂，目力已是微光。真希望能够多几次与他做这样兴致勃勃的探讨之谈。

这一回，任老为我题写了两本书名——《西南联大行思录》和《西南联大故事》，可是紧接着我患眼疾住院，沉疴不起，顿笔蹉跎。

闻我眼病严重，任先生一再致信关心，还给我发来了古色郁香的贺年片。当时冯钟芸先生还在，说过一句趣语“同病相怜”。可任老是高人成就，而我一切都在中途，竟害其眼，不胜郁闷！

任先生寄过两份珍贵的资料给我，一份是当年焦菊隐到昆明、与联大的活动，一份是任先生自己撰写的关于联大人才在文科方面的贡献，如商务印书馆一伙人皆是联大班底。

任继愈是山东人，书斋潜著，看似豪气内敛，但那种耿直的气概若隐若现。

正如当年步行在湘黔滇的山路上，任继愈的哲思依然在伴随着历史之路、现实之路、中国之路的行进。这样漫长而深刻的思考，对我产生了巨大的魅力，我十分珍惜和渴望与任老的每一次交谈。

最近一次见到任继愈是在寒冬，他拄着拐杖，一步一点地在北大的校园里前行。那天因为他的秘书有事，没有来陪同，任老一个人来了。他就这么凭着一只眼微弱的视力，一步一点地走进了北大办公楼会议室，开完会，又一步一点地走出去，下台阶，在寒风中上了车。

这是一次不寻常的会议。《西南联大启示录》忽在放映并获“五个一工程”奖之后，遭到诬陷而面临封杀之境地。北京校友会紧急召集常委会，讨论应对和保护措施，发出郑重的声明。

任继愈先生出席并第一个发言，他肯定的态度，无疑对我、对整个会议的作用重大。

就在这年秋天，关于《启示录》的研讨会盛大举行，鲜花美酒之际，任先生没有出席，原因是冯钟芸先生有恙。

而又是这年肃杀之寒冬，秘书也不在时，任先生却来了，顶着冬风凛冽，独自握杖，敲打着台阶路面，“岁寒而后知松柏”。

此后，我和任老通话，他亲切地问一句：“咱们的片子怎么样了？”令我如春温暖。

从事西南联大历史的抢救工作在一切的艰难和不被理解中，有任老和这些前辈们和我站在一起，此生足矣。

采访撷英

张曼菱：任先生今年（1999 年）高寿几何?

任继愈：84（岁），我是 1916 年出生的。

张曼菱：看起来挺年轻的。我们这些人文科学的后辈们都久仰任先生大名，也看过您哲学方面的书。我看见过一个材料上面还有一张照片，任先生当年是西南联大步行团的中队长?

任继愈：成员，不是中队长。

张曼菱：是步行团成员，您当时是几年级，在西南联大?

任继愈：三年级，我是念过三年级，那年应该是四年级。1937—1938 年，暑假不是跨年度的吗?

张曼菱：那您就是整个经历了从北平转移？

任继愈：北京念了三年，第四年就走了。

张曼菱：然后到“临（时）大（学）”，再从“临大”到昆明。

任继愈：“临大”是半年，昆明又半年。

张曼菱：那您念的是什么系？

任继愈：哲学系，一直是哲学系。

张曼菱：是在清华还是北大？

任继愈：北大。

张曼菱：任先生，当时你们是怎么脱离北平，然后到达昆明的？

任继愈：七七事变正在暑假，七月七号嘛，我们七月一号就放暑假了，那时我家在山东，回不来了，报纸上有个广告，说是北京、清华大学的学生到长沙去集合，这样我们就到南边去了。

张曼菱：在假期里看见广告，您从家里头……

任继愈：就从北边去了，交通也不通了，就往南去了。

张曼菱：同学们也都这样，从各地就陆陆续续地投奔学校去了？

任继愈：对。

张曼菱：作为一位哲学家——我想哲学家也都是思想家——和一个步行团的成员，请您从这两个角度跟我们谈一谈这次步行对整个西南联大或者是这届师生，在教育史上所留下来的一些影响和意义？尤其您是参与者。

任继愈：这是一个终生难忘的教育，因为我一直在城市里头长大和学习，真正的农村基层没有接触过。到了抗战开始，经过从湖南长沙到常德再到湘西这么过去，西部——现在的张家界那个地方，一直到贵州。到了贵阳以后，再往西走，有一段路是跟长征的路线重合的，古代的《徐霞客游记》里头也提到过一些路线，就是这么一个路线。这次走路感觉对我的教育很大，就是真正看见了最基层的农民是怎么生活的，这个感触很大。

张曼菱：能不能举个例子？

任继愈：比如鸦片烟的盛行，到处开那个花，有点像荷兰郁金香那个花，就是见鸦片烟那会儿——罂粟，贵州到处都有，老乡不种都不行，种要收税了，不种的话，也抽的，抽的是懒税——懒惰，就抽你这么个税，就逼着他种。

张曼菱：感到中国大地上很多贫瘠的现象，还很落后，甚至还很愚昧。

任继愈：很落后，愚昧落后。可就这些人支持我们的抗战，出人、出钱的就是他们。

张曼菱：我不明白就是您说一方面看见中国这么愚昧、落后，（他们）怎么支持抗战的？是不是觉得我们的国力太弱了？您是怎么想的？

任继愈：我们中国有一个很好的传统——就是从上到下不愿当亡国奴。

张曼菱：老乡们也是这样的吗？

任继愈：也这样，小日本非把他打跑不行。当时的生活就很困难、很痛苦，但是日本人来（侵略）他就不能忍受。

张曼菱：就是说，即使是那些很贫苦的乡下人……

任继愈：其实打日本，他们是很积极的。

张曼菱：您感受到他们既贫寒、贫困，但是他们又……

任继愈：有志气——民族志气。

张曼菱：民族志气，所以就觉得我们这个民族还是有希望的，虽然穷。

任继愈：困难是困难。

张曼菱：这时候的步行团也可以说加强了联大师生的爱国心。

任继愈：那时候我就感觉到中华民族的文化是渗透在穷乡僻壤里头，它不光是在上层。

张曼菱：这我也很有感触。

任继愈：所以我从那以后就开始专攻中国哲学史，过去我在大学学外国哲学多一点，西方的课本都是用的原版的教材，过去从古希腊开始我知道得比较多。中国也学了，不是特别重视。但是走那一趟以后，我就感觉非要学习中国哲学不可。

张曼菱：任先生这个感触我觉得是非常深刻的。就是说中国——我们这个五千年文明的民族，国家看起来是很穷的，好像是很容易征服，才会有那么多列强来欺侮。但是，实际上他们可能不明白一点，就是说我们这个民族魂，它是浸透了五千年的文化文明，哪怕在最贫困的地方。

任继愈：对。

张曼菱：当时的联大师生是不是通过这个步行也真正地深入民间，打破了校园大门的界限？这应该也是一个很大的进步，对联大的师生。那么我还想问，当时这么一种转移——就是奉命转移，从政治方面来说还是有保护人才的意识，咱们不能让国家未来的希望之才，被日本人劫持或者轰炸。那么，整个您说的文化浸透在民间，是不是感到老百姓或者基层的人士也有这种意识，就是在危难关头要保护我们国家的文化种子和命脉？

任继愈：中国的文化是形成了一个民族共同体、一个整体，提（倡）的是，是中国人那就在一起。后来学历史，我就反复地考虑，这个东西得益于秦汉的统一。因为咱们念历史都知道，春秋战国、百家争鸣、学术繁荣这个地位，仔细看看百家争鸣争什么呢？都是争如何统一。咱们回顾一下，孔子讲要以周为统一的核心；孟子讲统一天下，用王道统一天下；韩非、荀子用武力来统一天下；老庄你看他是不主张统一，其实他也是主张要统一的，他是说圣人治天下，他原则是无为、不要扰民，无为就是要统一天下，不是永远分散的。小国寡民是说基层单位要小，不是说国家要小。我是这么一个看法，所以各家都对统一提出了方案，这个方案到了汉朝就把它实现了，真正捏在一块儿了。当然，经验不足，有时候有些分裂，秦汉统一以后，后来没有怎么再分过，分过也有几次，很短。比如南北朝最长的三百年，两千多年嘛，三百年（不长）。

张曼菱：我插一句，即使分我觉得也是一种政治上的分裂，而在观念文化上还是一种……

任继愈：分裂他认为是不正常的，南方为什么要北伐呢，桓温北伐就是要统一；苻坚为什么要（进行）淝水之战呢，他也要统一，他说分裂是不正常的，我应该统一，不过条件不具备没有做到。三国也是要统一，曹操打赤壁之战，他就是要统一，不过没有完成任务……

张曼菱：而且只有统一才能长久。

任继愈：都是看到这一点，就是分裂者也是认为分裂是不正常的。

张曼菱：我看了杨振宁博士的《读书教学四十年》上也说，长城就是中国（才能）打造的。他也说，中华民族只有统一才有出路，他也是英雄所见略同。

任继愈：这是长期形成的一个意识，秦汉以后认为分裂是不正常的、统一是正常的。统一有什么好处呢？你看实践有几种好处。统一以后没有内战，有个统一的政府，内战打不起来了，战国是年年打啊，你看到历史上太多了。

张曼菱：后来军阀混战也是年年打，年年打也没统一了，都挂了一个旗帜，谁也不服谁。

任继愈：统一有一个好处，就是中国地方这么大，总是有荒年、有灾荒，统一（国家）它可以统一调拨、救济、以丰补歉，这边丰收救救那边，就可以（互补）。

张曼菱：还是以一个民族的整体（存在）。

任继愈：整体就是国家统一调配，几个大的建设，比如长城、运河，修长城并不是河北人在修，它是江南、江北到处（的人）来修。孟姜女哭长城，她的丈夫就是从南方调来的，跑到这儿来修（长城）的。

张曼菱：这种信念，就是这种纯粹中国式的信念，和那段步行接近了民间、和联大的那段历史、和青年时代的您是不是也很有关系？

任继愈：有关系。我就看着中国的这种民气始终是不衰，穷困是穷困，志不穷，人穷志不穷。

张曼菱：一听说小日本要来了，就不干了，（即使是）土匪也不干，土匪都会帮着打日本。

任继愈：所以骂人当汉奸是最重的一个词，比骂他祖宗什么的都还重。

张曼菱：当时你们徒步走过时就看到这个民气。作为一个哲学家，也作为一个步行团的参与者，对那段的看法。后来在联大，在昆明又待了一年多吧？

任继愈：我是八年都在那里。

张曼菱：八年在那儿，您不是快毕业了吗？

任继愈：我在联大（后来）是在教书，我在联大是教员，前后九年，日本投降以后，没有立刻搬回来，第二年才搬回来。

张曼菱：您给我们讲一讲当时（的情况），后来您很快就教书了？

任继愈：我在念研究生，念了三年，就当教师了。

张曼菱：当研究生的导师是谁？

任继愈：导师是两个，一个是汤用彤，一个是贺麟。那时我们的导师有个制度是正副两个，一个正的，一个副的。正导师是汤用彤，指导论文，副导师作为辅导性质。

张曼菱：汤用彤先生也是名望很高，他给您留下最深的印象是什么呢？就是您觉得作为一个导师或者作为一个哲学史家、作为一个中国的文化人，在国难的时候，他的教学、他的表现，他留下给后人的，值得我们追忆的。

任继愈：这是中国的时代精神，也不光是他一个人，当时就是要放眼世界，你研究中国，你要了解世界，你研究古代要了解当前。这是一般的一个看法，这个看法我觉得到现在为止甚至以后也是正确的。你了解局部，非得从全部着眼，很小的题目做得很深，以外他知道得很少。

张曼菱：就只有纵向的。

任继愈：这样他上不去，讲到这个小范围，他很清楚，头头是道。出了这个圈，很茫然，他很无知，没有发展前景，前景受限制。

张曼菱：西南联大整个的教育模式，文科、理科采访了很多的学者们都谈到这个，可能是很注重一个人比较广博的一种文化基础。

任继愈：要看到世界。

张曼菱：甚至是文理。

任继愈：对，文理，不要那么分割。

张曼菱：而且在本科里头还有国内外。

任继愈：国内外、古与今、中与外。

张曼菱：整个打造了一个比较好的平台，然后在项目、单科再往前进，而不是从一点就出发走很远很远，结果，实际上就是钻牛角尖了，也没有什么真正的发展。

任继愈：因为文化本身是个综合体，你为了教学方便分了这个系、那个科，你讲起来方便。真正到你接受的具体人身上，培养对象来说，各方面凑合到一个人的脑子里头，凑成这么一个整体。

张曼菱：这可能是我们今后高校改革，从西南联大得到的一个启示。任先生，我觉得您的思想和学术有与众不同的地方，所以，我想问几个特别的问题，比如在联大时期有各种各样的学者，以后我们曾经有一段时间按照“左”派、右派把他们划分了。但是，我觉得是不是有很多所谓的“左”倾的，在政治党派上面跟咱们后来不是太一致的学者，但其实他们的学术和他们的教育功绩也不能抹杀，而且他们对民族的贡献，特别在危难的关头，也是应该进行重新认识和肯定的。

任继愈：那当然。共同点，我看有一点是共同的，共同语言、共同趋向就是爱国主义。民族危机的时候，这是个大界限，这个界限划清之后都好说。在那儿就爱国不爱国，抗日战争就是你投降不投降，你是抗日还是反对抗日，这个界限很清楚。在这个界限之内，什么“左右”都可以共同的，共同点很多很多，国共就是合作的。

张曼菱：对，当时国共还是合作得比较好的阶段。

任继愈：对，当时就是合作的。

张曼菱：比方像冯友兰先生，能跟我们谈一谈，（您）对他的一种评价吧。

任继愈：我觉得冯友兰先生他就是我们老师这一辈的，跟我们岁数大的、老的、学生这一辈的都是感觉到旧中国受到的屈辱，站起来了。新中国成立以后，工人、农民也有翻身的感觉了，过去是在底层，现在一下子起来了，教书的人也有翻身的感觉。

张曼菱：就是说我们这个民族在世界上（站起来了）。

任继愈：这个翻身不是说生活待遇怎么样，生活待遇从教授来说，是逐年在下降，不是在提高。我记得冯至先生就说，每一次调整工资，等于我就减了一次。因为别人动，他不动，相对地就……减了一次。但是我们心气很顺，因为什么呢，国家站起来了，民族站起来了，我当学生就希望这个国家富强，国家强大，不要受帝国主义欺负，真正做到这一点我们非常兴高采烈，非常高兴。

张曼菱：这是咱们中国知识分子一个很可贵的情怀。

任继愈：爱国主义，这是一个老传统。

张曼菱：从联大时期一直下来。

任继愈：从古到今都这样。

张曼菱：从古到今，先天下之忧而忧。

任继愈：一个秦桧，举个例子，所有人都知道他是汉奸、卖国贼，害岳飞。秦桧这个人考过状元，状元那是第一名，拔尖的。秦桧字也写得很好，求他写字的也不少。

张曼菱：就是很有才气。

任继愈：可是现在国家这么大，没有发现秦桧的字迹，没有一幅，我都很注意收集，没有一幅。（国人）不愿意保存他，（这）就是爱国主义，这个大是大非（他）站错了。站那边去了，所以不齿于人类。

张曼菱：有才也不齿于人类。

任继愈：（20 世纪）80 年代外国人有一个寻根热，外国人讲老家、寻根。秦桧有一个后裔在加拿大，他就寻根，他是无锡人，寻根就寻到老家来了，查来查去，他就是秦桧的后裔。后来他不敢承认，他不说了，他说“我是秦少游的后裔”，秦观（之后），也姓秦，其实他是秦桧的后裔。

张曼菱：我到坟前愧姓秦嘛。

任继愈：他的子孙都不承认他有这么一个祖先，这说明汉奸是不齿于人类的。爱国主义从古到今就这样，文天祥大家看重，他有气节，不当汉奸。

张曼菱：文化界和中华民族整个都是首先注重气节，你没气节，才也就没了，字再好也不要，不留了。

任继愈：文天祥也不是战功多么好、能打仗，治国平天下他都没有施展，他就气节这点站住了，就是有正气。

张曼菱：这个分析得好，文天祥（其实）是没有什么真正的功绩的。

任继愈：他当丞相的时候，已经半壁山河（沦陷），国家快完了。

张曼菱：也没说他有什么点子，有什么（方略）。

任继愈：也不像岳飞那么能打仗。

张曼菱：但是靠这个气（节）很重要，他能征服这个民族。

任继愈：都服了。

张曼菱：任先生真不愧是哲学家，一语点破。事实上，西南联大的灵魂、西南联大的学魂，我想就是秉承了这些民族的传统和志气，同时西南联大不仅有正气，像文天祥这样，而且还出成果。

任继愈：出成果。有这个气鼓着，他就肯钻研，再困难我也去钻，跟历史使命有关。比方“五四”以后、鸦片战争以后，中国共同的目标就是走现代化的道路。回过来看就清楚了，当时也不一定那么很清楚，回头看看，就是走现代化的道路，谁领走现代化（道路）了大家就拥护，老百姓就跟着走。

张曼菱：谁能给中国找条路子，让中国摆脱那种老被人欺侮的那种地位，找条出路，（所有领导者）都在找。

任继愈：带领中国从中世纪走出来。

张曼菱：所以我也是从今天看，那天我跟几位老同志，也是谈到这个，也是老学者，我觉得他们提得很好，就是说咱们西南联大的发展史，应该说它是我们中华民族的发展史，也是我们中华民族现代化的一个历史，因为西南联大就是在炮火中追求现代化。像您说的哲学，还有他们学科技的，都是要向国外去接轨，在困难的时候，还要看着外国，还要不甘心，我们这个民族就是在这么一个困难和危机的时候还在不停地走向现代化，是这样一种历史。

任继愈：就是。比如当年我们这个年龄的人出去，回来的时候新中国是刚刚成立，很困难。他并不是回来享福的，他就是回来做奉献的，尽一点力的，这么回来的。不是因条件很好我回来的，不是待遇很好我回来，都不是冲这个来的。

张曼菱：任先生这么一说我觉得我又明白了。易社强他的书上说西南联大是世界教育史上的一个奇迹，当然这话他也说对了，但是我觉得他毕竟是美国人，他还有不对，其实西南联大这种事在中国应该是个自然的东西，它又不是奇迹了。

任继愈：只有在中国（才会）有。

张曼菱：它在外国是个奇迹，在中国它实际上就是一个顺理成章的东西。

任继愈：在外国不可想象，这么困难怎么还在顶着不走啊。

张曼菱：它是延续了很多先人的（传统）。

任继愈：好的传统。

张曼菱：然后，它是一个必然的，它不是什么奇迹，不是突然出现一个（奇迹），好像这个民族从来不重视这些东西而突然出现。而是我们一直就有这份精神财富，只是到了那种条件下，很多学者聚集在一起．就特别地闪光。所以实际上也可以说它不是一个奇迹。任老对联大（精神）您讲得很好。

任继愈：我觉得做学问也是个战斗，那时候我们念书，我们也是想着前方的将士，并不是打仗的归打仗、念书的归念书，我们这个做研究也要对得起前方的打仗。

张曼菱：这样一说我又明白了，就是说除了步行团还有看到前方战士以后，在联大师生里，就不光是说做学问，好像我就做点（学术）成就（就够了）。

任继愈：不是这个意思，我发了多少文章，不是想这些。

张曼菱：水平的高低，甚至我能不能评职称，就不是这些事。

任继愈：首先不想这个。

张曼菱：而是想到比如沿途的老百姓都装在心里了，群情激奋地看着人的心情，可能沿途还看见士兵们、伤兵们，觉得人家在流血．都装着这些东西，而且还有炸弹丢下来，就装着这种愤怒的仇恨。所以联大师生的胸襟里，装了这么多的民族的感情,所以也是他们能够勤奋治学以及出很多人才的原因吧。

任继愈：就是，比起战斗第一线来不觉得惭愧，你要有这种力量，是这样的。

张曼菱：把它作为另外一条战线。

任继愈：是，是这么想的。

张曼菱：而且您说的，只有现代化了，才能永远不受欺负。战士们一枪一弹也是为民族，咱们在这儿做实验也是为民族，这就是西南联大的本质。

任继愈：是本质。

张曼菱：所以后来成为了堡垒，其实它也是一个抗战堡垒，它是一个中华民族长远的能够抵御外来侵略的文化堡垒，实力的准备，是不是?

任继愈：是。

任继愈：我很喜欢云南的民风，人民的风情非常朴实。比如过去在上海的有些事情，出了问题，你拿些钱就能够摆平了、解决了。云南不行，你给了钱也不行。

张曼菱：他有脾气。

任继愈：对，有这么个点，这个非常可贵的。

张曼菱：论感情。

任继愈：对，非常可贵的地方，这点很好。

张曼菱：云南人很实在。

任继愈：还有搞敦煌的姜亮夫，现在病死在浙江，那是很不错的一个人。

张曼菱：也很聪明。

任继愈：很聪明的学者，很不错的。我好多有才华的学生在云南被招了驸马的、跟云南人结婚的，好些这样的。王瑶的爱人就是你们云南人，（你是）中文系（的），知道王瑶吗？

张曼菱：知道王瑶，他当时就是我的系主任，我是他学生，他也是（算云南人了）。

任继愈：那时候家长不同意，说这么一个小勤务人员，你怎么能嫁给他呢？她私自跑出来的，原来约好在一个汽车场见面，她从家里跑，他从学校走，两人会面以后就走了。

张曼菱：就带走了，就是我们云南姑娘。

任继愈：云南姑娘。

张曼菱：我看我们云南姑娘还是挺有眼力的。

任继愈：识人才。

张曼菱：这种故事不少吧？

任继愈：你知道一个，厉害的还有，招驸马的不少。

张曼菱：其实也说明这些云南青年对联大的向往，她觉得这批人对她来说（是全新的）。

任继愈：青年人没有成见，有出息就很好。

张曼菱：向往进步、知识，所以也向往爱情。

任继愈：联大的纪念碑，我觉得主要讲了两点中心的意思比较重要。一是讲到联大的学风。一开始讲到经过，那是一般的碑文都有的，再就是联大的学风，讲到这一点。它没有用“百家争鸣”这个词，实际上就是要有很多的学科的人互相争辩、互相促进，促进学生的进步，这个思想很明确，这是一点。这是说到我把联大的学风说对了，就是自由争辩、自由讨论这么一个学风，允许少数人讲话的学风。还有一点说得很好的，就是民族必胜的信念，不屈服。这个也说得很好。联大的纪念碑上就提到：我们坚信能够打回去、能够得到胜利，过去历史讲的，北方战乱以后就南渡，南渡以后没有回来的。晋人南渡其例一也；宋人南渡其例二也，宋人就是赵构了，第二个例子；明人南渡其例三也，明朝南渡，明朝不是北方过来以后打到南京，成立了小朝廷，没多久就失败了。这三个例子，抗战我们胜利了，南渡又回来了。

张曼菱：我们翻了历史的案了。

任继愈：我们回来了，这点就是说得很对，也符合人们的实际情况。因为过去的历史是中国内部的问题，自从鸦片战争以后，中国变成世界的一部分，是世界的总形势决定的，打败日本有中国的力量，也有外国的力量，加起来才把德国、日本打败的。所以放到大的环境里头，我们总的势力是占优势的。这是新时代跟旧时代看历史就不一样。历史系一个教授，他留在北京，没有走，有人就劝他，那个人也是学历史的，他说："你看看这些历史，南渡以后，谁打回来过？你就别在那儿苦守了，你就跟这个伪政权、伪大学教教书去，别过这苦日子了。"这个人说什么他也不干，这人叫刘盼遂，是个历史学家，北师大的教授。

张曼菱：后来呢？

任继愈：后来"文化大革命"他投水死了，这人是很有气节的一个人。

张曼菱：实际上他也没跟（伪政府做事）。

任继愈：没干这个，很苦的，卖点书、卖点东西维持生活，苦熬了这么几年，没干伪政府的事，没做伪政府的教员。

张曼菱：他就是当时有点信心不足。

任继愈：有人劝他，你何必苦守呢，参加（伪政府）教教书，日子好过一点，他不。

张曼菱：您就说他坚守气节。

任继愈：对，有人劝他，他没接受。他是研究王充很好的专家，刘盼遂是老清华大学的国学研究院的一个学生，（和）梁启超（一起）。

张曼菱：他不愿意跟日伪政权合作，不想在他们下面做事？

任继愈：是的。

张曼菱：这个碑文当年是冯友兰先生写的。

任继愈：对。这个碑文是个传世之作，在冯先生的著作里头，这是不错的，很好的。

张曼菱：最精彩的，所有联大师生都很感谢冯友兰先生做这个事。

任继愈：那时候碑文油印稿，发给大家讨论，联大文史方面的专家很多……

张曼菱：挑不出来（问题）。

任继愈：没挑出，一致通过了，发给大家念，看有什么意见可以提提。

张曼菱：而且我觉得冯友兰先生这篇文章所以成功，在于它不是那种无谓之作，不是那种书本文章，他是做了——

任继愈：切身的感受，讲发自内心的东西。

张曼菱：就很现实，再加上他的文采，所以就成了一篇千古之作。

任继愈："百梅馆主"，一百次。

（冯钟芸）任继愈：百媒，为人撮合的媒，做一百个，他是"百梅馆主"。

张曼菱：他有心愿。

任继愈：对，他有心愿。梅花的梅，"百梅馆主"。

张曼菱：他有没有做过一百次媒？

任继愈："百梅馆主"，一百当然说多一点，不过实际上也做了不少。

张曼菱：这也是个原因，在联大那个环境里，不仅学术自由，对人的个性、性情也是非常自由、坦然，而且老师们也是充满着人性的关怀。

（冯钟芸）任继愈：一般来说，师生关系都比较好。

张曼菱：（感谢）这个好馆主，于是你们二位就这么成就了。那再请冯老师谈一谈，在联大念书的时候，你们那些女同学，一般的追求是怎么样的，她们的个性、爱好、打扮，包括对男同学的要求是怎么样的？大概讲讲。不用太多想，随便讲几样。

（冯钟芸）任继愈：那个时候的女同学，多数的女同学，一般的同学很不同。多数的同学还是比较认真读书的，外边的社交活动参加的不是很多，这里头读书的人也包括了比如说在联大的时候遇见的像"一二·一"这样的学生运动，参加的人很多。但是也有一小部分人，那一部分人就比较喜欢在外边的社交活动，这个社交活动她们有时候也去参加，（比如）像在舞厅里跳舞这样的情况。这样的情况在联大的女同学来讲是少数，一般的女同学有一种就是（这样），再有就是参加音乐抗战的一些爱国活动，比如说“群艺社”什么社这些活动比较多，这些也是相当有意思的。

张曼菱：那我听来听去，我总想问出个联大的女同学怎么（和男同学不同），好像听出来觉得联大女同学和男同学也没什么分别，男同学那边有什么人，女同学这边也有什么人。

（冯钟芸）任继愈：那当然。

张曼菱：就是说她们很平等、很自然，发展也是跟男同学一样的，就是个性什么的各有选择，可能已经在个性上达到很平等了，所以我要单独老问女同学怎么样，好像都问不出来。

（冯钟芸）任继愈：恐怕是这样。

任继愈：一般有话剧，男同学、女同学也有演话剧的，出些人才。昆曲也有男女同学都有，定期地演唱演唱，也就这样。

（冯钟芸）任继愈：那时候闻先生还导演话剧呢，闻一多先生。

张曼菱：就是说女同学在联大一点都不怯，就是觉得反正也是按照我的选择，对女同学来说，联大也是个自由的环境。

（冯钟芸）任继愈：对，是这样。

张曼菱：也是平等的，根本她就没有说我是一个女的这种感觉。所以我老问都显得我是多事了，就那个时候已经达到在很多方面已经没有局限。

任继愈：做学问都很认真的，比如郝诒纯，她是院士，好几个人都是院士，都是女的。

张曼菱：她是献身地质好多年，她单独一个女的，跟男的去野外，住帐篷都跟人家去。

任继愈：不光她，还有呢，还有个去世的也是个院士，她的好朋友。

（冯钟芸）任继愈：叫池际尚，也是学地质的，比郝诒纯班级高。

张曼菱：还有傅冬，就是傅作义的女儿，好像也是联大的？

（冯钟芸）任继愈：对，傅冬。我 1938 年在北京乘海船从香港到海防再到昆明的，当时因为陆地上的交通已经不通了。我 1937 年没有走，因为我父亲走了，我母亲生病，我有一个哥哥，哥哥也在外头实习，事变的时候没能回北京，直接就到了长沙了。所以家里一共四个，弟弟妹妹一起四个，带我母亲，就交给我了，我一直等到我母亲好了有伴，所以到第二年才开始到昆明去的。到昆明去以后，我就进了西南联大的中文系。当时，是三校合并，当时比如说罗先生，就北大的两个罗先生，一个大罗先生，一个小罗先生，罗先生就是咱们说的罗莘田先生做系主任，在这边就是闻先生、朱先生，等等。他们在联大的系主任是三校轮换的，大部分都是清华和北大交替的，所以开始我刚去的时候是朱先生做系主任，后来就是罗先生做系主任，这样轮换地（工作）。

（冯钟芸）任继愈：我想我是 1941 年、1942 年，是吧？

任继愈：也许是 1941 年，1942 年吧，毕业没有？

（冯钟芸）任继愈：毕业了。

任继愈：那就 1941 年以后了。

（冯钟芸）任继愈：我 1941 年毕业的，我在附中教书。最早教了一班小孩儿，那时候还有附小，小孩儿的书是因为我有一个同学，她在请产假，找不着人代课，我去给她代课去。

那时候就是你刚才说的，我教过他们。后来，在附中教书的时候，他的一个同事生病。当时他们想着要他去代那个同学上附中的课，因为在当时那个生活条件下，有工作跟没工作很不同了。另外，他突然生病的学生也丢不下，所以要他去代课，他在附中代课。所以我们俩教的同是一个班[①]，二年级——初中二年级，我教的甲班，他教的乙班，这样就有时候有接触。到了 1943 年，我就回中文系去了，系主任当时是罗莘田、罗常培先生，罗先生跟他住在一个宿舍里，那时候我们有时候到罗先生处，罗先生非常喜欢年轻人去，所以就认识了。大概过程就是这样子吧。

张曼菱：请您介绍一下“西南联大校歌”的事。

任继愈：也是讨论过一次，是试唱过一次，大家听一听，我去听过，张清常指挥，就听过大家觉得满意，就通过了，就听过一次。那是罗常培先生约我们去听的。

张曼菱：罗庸作的。

任继愈：罗常培、罗莘田。

---

① 应为年级。

张曼菱：我说这个校歌是罗庸作词？

任继愈：罗庸写的。

张曼菱：大概像冯友兰先生的碑文一样，大家一看，就觉得特别满意。

（冯钟芸）任继愈：因为当时在昆明的时候，我住的地方，我父亲、我们家在楼下，我伯父住在楼上，就是冯友兰住在楼上，当初那个校歌最早少数人讨论的时候是在他家里，那时候还叫我们姊妹几个去唱这个歌，唱这个调。

张曼菱：看效果。

任继愈：对，还有这么一档事，还弄了一个简单的乐器。

张曼菱：什么乐器？

任继愈：就是我们家里有一个曼陀林[①]，去实践的就是我们姊妹几个，没有别人。

张曼菱：然后让老先生听听觉得味道怎么样。

---

① 一种小型的弦乐器。

任继愈：对。

张曼菱：请给我们简单讲讲西南联大的校史。

任继愈：西南联大的校史讲的是一个学校的八年的经过，实际上是反映了我们祖国整个抗战的概貌，也是这么一个过程。先是经过困难，慢慢经过艰苦的奋斗，最后达到了胜利，取得圆满的结果，跟预期的情况基本上是一致的。不但我们学校是如此，我们的政治大局、军事上的斗争也是这么个情况过来的。不过校史是专门讲西南联大的了，我觉得现在冯友兰先生总结的四点，我觉得还是很扼要，也很全面的。四点他写了以后，征求全校老师的意见，西南联大那些专家也很多，学者云集，大家对这个校史底稿发的油印稿出去，回来以后大家一致赞成，没有觉得这个缺了、那个不对了，没有这个意见，等于一致通过了这个校史，是他个人的创作，可是也是代表我们西南联大全体师生的一种看法。我看这个校史会永远地传下去的，跟西南联大的历史会一块儿传下去的。特别讲到过程，已经说得很清楚了，不再说了。我想对西南联大的学风，我们培养的人才这方面说，我在西南联大感受很深，开始我是在那儿学习，后来当老师，所以从受教方面、从教人这方面我都有所体会，我觉得这个空气里头是一个培育人才的摇篮，我是深受其益、深受它的好处，特别是讲到学术的民主这个问题……

“我国家以世界之古国，居东亚之天府，本应绍汉唐之遗烈，作并世之先进。”这句话真是概括得很好，对过去。再接下来“今日胜利国家有旋乾转坤之功，而联合大学之使命以抗战相终始”。这个就是学校的命运跟国家的命运结合起来了，“此其可以纪念者一也”。第二讲也很重要，西南联大的感受很深了，“文人相轻自古而然，昔人所言，今有同慨”。这三校里面各有各的传统、各有各的长处，这三校里头，没有发现文人相轻这个问题，而是得到了切磋、受益、互相促进这么一个好处。因为他说：“各异之学风，八年之久，合作无间，同无妨异，异不害同，五色交辉，相得益彰，八音合奏，终和且平。此其可纪念者二也。”这个说得很好，就是联大的学术民主的风气。再就是学校的政治的民主，这里头讲得也很好，“转移社会一时之风气，内树学术自由之规模，外来民主堡垒之称号”，这个称号是名不虚传的，是符合实际的。“违千夫之诺诺，作一士之谔谔，此其可纪念者三也”，这是第三点。

张曼菱：讲一下这些话。

任继愈：这就是一千人都唱一个调子的话，未必就是反映实际情况，但是有不同的声音，倒是促进学术的进步。后来我们经过这一段的体验，这个话是很对的，就是西南联大做到这一点很不容易，就是人才辈出也跟风气有关系。最后一段就是讲第四点，过去的南渡都是慢慢跑过去，过了江以后慢慢就萎缩、衰退，回不来了。他说："晋人南渡其例一也；宋人南渡其例二也；明人南渡其例三也。"可是我们抗战的南渡又回来了，而且是胜利地回来了，这点是很不容易的了。"乃能于不十年间，收恢复之金功"，下面那句话我觉得很好，"庾信不哀江南，杜甫喜收蓟北。此其可纪念者四也"。这个讲得非常好、非常透。这个校史出来以后，我们读了都觉得很受鼓舞。

"合作无间，同无妨异，异不害同"，我觉得这个"同"就是共同为了学术的繁荣、为了国家的昌盛，这个师生是一致的，没有区别的。但是从各种学科、各个角度来看，"异"又是自然的。从不同的角度、不同的方面来看这个问题，有不同的意见，所以西南联大的壁报是非常五光十色、非常丰富的，各种学派都有。中心一点都是爱国的、支持抗战的、相信抗战胜利的，这点各个学派都没有什么大的差别。正因为这样，我们国家才在统一的战线之下，完成了抗战。我想我们西南联大也是在这个统一的战线之下，完成了我们八年学业的教学的成绩，这也是很得人心，也很符合实际情况。这是“同异”的关系，就讲这么多。比如讲“晋人南渡、宋人南渡、明人南渡”，这三个南渡，一个是外来力量的入侵，再一个南渡是当时政府内部的不团结、不振作、腐败让它造成的这个结果。但是我们这个抗战不是这样子，是敌人打进来了，我们全国人民奋起抗战，得到这么一个结果。所以那个庾信《哀江南赋》他是怀念江南、思念江南，他回不去了。他这个庾信很凄凉的一个结局，不是一个悲壮、胜利的结局。岳飞那个“还我河山”更是一个宋人之虚愿，愿望是这样，不但不能，没有收复失地，而且岳飞自己把命都搭上了，这也是一个很悲惨的结局。明朝逐渐地萎缩，（永历帝）一直跑到缅甸，后来当了战俘，把他交回来，吴三桂把他杀死在昆明。这都是政府的政治力量滑坡的结果，往下滑不是一个昌盛的局面。可是西南联大跟我们的国运是一样的，抗战胜利以后，中国就开始成了联合国的常任理事国，就取得了资格。那个时候从被迫抗战、一个很弱小的国家，胜利（后）变成世界上几个大国之一，取得这样一个地位。

张曼菱：战胜国。

任继愈：战胜国，就是很理直气壮、很自豪的感觉。而且我们受降，日本人的武器交出来，这点是很扬眉吐气的。世界的文明古国有几个，四大、五大，咱们且不说，我觉得我们学历史的都是有这个看法，纪念碑又是怎么写的了，实际上就是这样子。你比如说，希腊、罗马、古埃及、古巴比伦，那都是很悠久的国家，他是有古无今，古代有了，中间衰落了，接不上。后来这几个强国，他没有点名了，实际上就是英国什么都在内的，特别是美国都在内的，他是有今无古。你看美国的历史，两百多年以上，就讲到欧洲去了，不是他的历史了，再讲讲到本地历史，就讲到印第安人的历史，也不是它的历史。所以，只有中国的历史是从古到今连绵不断，这点我们中国的历史学家、学术界的人，在世界上都是这种看法。世界几大文明，像巴比伦，那也是古文明国家，现在的伊拉克这个地方就是那个地方，一片荒漠，出点石油，别的没什么，一片沙漠。我们从古到今，在这个舞台上，就是中华民族在黄河流域跟长江流域的大片土地上，这是我们中华民族的一个舞台——政治舞台，也是文化舞台，我们创造的华夏文明就是在这个地方。统治者可以换了不同的民族，有汉族，有非汉族，但是这个历史是继续的，是没有中断的。我们的二十四史、二十五史，这个朝代是相连续的，它并不是这个成了以后否认那个，它连续不断的，二十四史是一脉相传，这么下来的。

张曼菱：积淀很厚。

任继愈：对，积淀很厚，这也是很世界特异的，很值得自豪。

张曼菱：我觉得任先生讲这个非常好，更新易旧，唯我中华。

任继愈：很值得自豪。

任继愈：这是有一个典故，那时候秦始皇焚书坑儒，谁要讲诗书就是有罪，这书都毁得差不多了。这时候有个讲《尚书》的，叫作伏生，伏生秦朝那个时候年轻嘛，念的书多，焚书坑儒以后，他就隐藏起来，不许他活动了。汉朝复学以后，就征求佚书。伏生已经老了，牙都掉了，口齿不清，他就用背诵的方法念，让他的女儿给他解说，《尚书》口述就是这么流传下来的，有这个典故。

张曼菱：《尚书》就是这么来的。

任继愈：就是“诗书丧犹有舌”，就这么来的。

张曼菱：好。

任继愈：西南联大的图书资料也不足，好多老师就是靠记忆来讲的。图书资料不是完全用得很充足的。我们的老师们、教授们，都是一些饱学之士，靠记忆的关系，像伏生那样。

张曼菱：我记住了，像燕卜荪（W. Empson）背莎士比亚。

任继愈：那是外国人，那是个英国人。

张曼菱：他也是西南联大的呀。

任继愈：那是，他是我们请来的一个教师，那是个浪漫诗人，很可爱的。

任继愈：从这个西南联大我就有个感受：人才的培养不

是马上就见效的。不像我们买一个新设备，只要订货以后我就可以半年或者多久就到货了。人才的培养是一个长期积累的过程，不是想要就要的。有时候快也是三五年，多的十年八年，甚至更长，百年树人就是这个道理。不是一定要一百年，就是时间要长期地，要长期地投入才能慢慢地出现人才。而且知识型人才，又不像一般的技术方面的人才。一百个里头，成就的也许是少数，也许就一个两个，有一个淘汰的过程，这个过程也不是短期内就能有的，不是我们毕业一百个就成才一百个，人才（培养）不是这个样子。所以办教育要知道这个道理的话，会大力地投入、支持，人才才会兴旺发达起来，我是这么个看法。

那时候我们在蒙自待了半年，一个学期分两段，暑假以后在长沙待了半年，长沙半年以后，寒假以后就步行走到昆明，那时候我就参加步行的，到了昆明，住在蒙自。我们刚到蒙自的时候，文学院、法学院在蒙自。那时候蒙自这个县城也很小，我们业余、课余进城去买点东西，买点日用品，也要到城里去。那有一个老头姓雷，他卖稀粥——糖稀饭，有枣、有豆的这种稀饭。常吃这个稀饭的有吴宓老师，他常去，还有别的老师也常常去那个地方。他那个主人很不俗气，有点文化，他跟你谈的，不是一般的小业主，只知道赚点钱，他不，他谈论国家大事，有时候谈点历史上的掌故，很有文学修养的这么一个老者。那时候，我的印象是他有五六十岁的样子，比我老师的年纪看起来还大，那时候吴宓老师也就四十多岁，他可能还大一点，这么一个老头，卖甜饼、卖稀粥。

张曼菱：当时吴宓先生给他题了个对联，您听说过吗？

任继愈：我知道，我看见过这对联。

张曼菱：在那里挂着，您就看一眼。

任继愈：就用纸贴在那儿，也没有什么装裱，只好贴那儿。叫作“无名安市隐，有业利群身。”就这么个对联。市隐，隐居，一般人隐在山林里头，他是在市，在都市里头隐居；无名，不求名；安于在都市里头过隐居的生活。有业利群身，有业是有个职业，对群众有好处，卖了也很高兴，吃了粥大家也很满意，他也有个业。这个老头是四川人，姓雷的这个，原来是四川的，不知什么时候来到蒙自去的，不大清楚。有这么个事儿。

张曼菱：您也老去吃？

任继愈：我也去吃过——稀粥，熬的粥像八宝粥那样子。

张曼菱：联大的学生都爱去吗？

任继愈：也不是很多，那个兴趣不一样。一般归国的华侨愿意喝点咖啡、牛奶，又是另外一种小店。还有越南人在那儿开的一个小铺子，卖些东西，它是秘密活动的一个点，出些反对法国殖民统治的刊物，在那儿出。

张曼菱：蒙自那儿的海关挺兴旺呢，我下去拍了。

任继愈：那个海关原来的生意不好，要赔了，开不下去了，土匪抢了它一次，它就报账，它说我损失了什么什么，账开得很大，结果把损失都拿回来了，还赚了点钱，政府赔了。老板就没有吃亏，被抢了以后又把他救了，濒于破产的一个洋行。我们住那个洋行的楼上。

张曼菱：就是"地路氏"吗？

任继愈：歌胪士，叫作歌胪士。歌唱的歌……

张曼菱：对，歌胪士洋行，就在南湖边，我拍了，我这次去都拍了，还有女生宿舍什么的，就找不着稀饭了。

任继愈：那早就没有了。

（本文系任继愈口述，张曼菱访问整理。）

原载于《西南联大人物访谈录》，

云南教育出版社 2007 年版。

《西南联大启示录》观后感

看过这一套光盘，印象很深刻。它记载的这段历史，都是自己亲身经历过的，事情的前因后果，我是见证人。当年亲历者多已逝世，少数健在者也都进入耄耋之年，而且住地分散，有的行动不便。张曼菱以她锲而不舍的精神，克服种种困难，使这一工程得以完成，令人感动。她是靠着西南联大的精神制作这部作品的。

西南联大与我国抗日战争相始终。这所大学在颠沛流离中创建、在日寇飞机轰炸的间隙中上课、以极简陋的仪器设备从事研究工作，不但办下来了，而且办得有声有色。这个大学短短在八九年中为中国革命锻炼了大批革命骨干，为新中国的建设造就了大量优秀人才。西南联大的成就，在国内外各学科前沿开拓了新领域，在国际上也处在世界前沿地位。联大师生们的成绩是在半饥半饱的状态下完成的。

这五集纪录光盘，没有堆砌的词藻、没有大话空话，而是以真实取胜。半个世纪前的生活画面重现在人们的眼前时，依然那么活泼有力、激动人心。西南联大群体的成员都是一些普通人，干的是一些平凡的事，在这些人身上体现了中华民族的伟大品格。他们不是等待有了条件才工作，而是创造条件来开展事业。在艰难的八九年间，他们出色地完成了一个高等学校承担的任务，以昆明当时的条件，做出那样的成绩来，并有所发明创造，称为举世无双并不过分。生活中的一鳞半爪，连缀起来，集腋成裘，蔚为大观。当年师生的言行片段构成了一串耀眼的明珠。

这部纪录片，没有中心人物，不借助宏大的外景，只是聚集了当年师生艰苦日常生活的某些片段，使人看了目眩神摇、惊心动魄，有时义愤填膺。它的效果已经说明这套纪录片的成功。

办学的目的是培养建国人才。建设国家，首先要爱这个国家，必须是关心民族命运的爱国者。联大师生有不同的政治立场，有“左”的，也有右的，中间群众也占了很大的比例。他们政治立场虽有分歧，但共同的信念都是爱国、保卫国家、抵抗外来侵略者、争取民族独立。这种情况与当时抗战时期的总形势和中华民族的历史使命是一致的。国民党军队台儿庄大捷，联大师生奔走相告，欢呼庆祝。

第一流的大学，教学与科研并重，两者相辅相成互相促进。西南联大不但做到了，而且这两方面都处于各个学术领域的前沿。当时选送出国的留学生，到了国外也是尖子生，这说明西南联大早已与国外一流大学相接轨。

西南联大理工科的成就，早已引起广泛的注意，很多人耳熟能详。像我国“两弹一星”的研制开发群体，联大人就占了相当比例，“原子弹之父”也出在联大。诺贝尔奖的获得者杨振宁、李政道，当年青年数学明星陈省身、许宝騄、华罗庚，物理学方面的周培源、吴大猷、赵忠尧，化学方面的曾昭抡、杨石光，等等，已为人所共知，不必一一列举。人文科学、社会科学方面，西南联大教师们的成就在全国也是领先的。这一点似乎人们注意得不多，现在补充说一说。比如闻一多研究《诗经》《楚辞》，功力深厚，他利用西南地区民族民俗的活化石，使他的学术造诣开了新生面。语言学大师罗常培利用云南少数民族地区的特殊条件，开辟了少数民族语言研究新领域，为我国培养了新一代的民族语言研究人才，如马学良、傅懋绩等人都成为国际知名的专家。新中国成立了民族语言研究所，基本队伍是在这一时期培养成长起来的，后来为少数民族创制新文字，这批专家成了主力军。熊十力的《新唯识论》（语体文本）是在这一时期完成的，洪谦是介绍维也纳学派的第一人。贺麟系统组织西洋哲学名著编译，为新中国造就了西方哲学翻译人才，商务印书馆的西洋哲学名著系列丛书主要是这一批力量完成的，系统介绍了黑格尔哲学，贺麟有开山功劳。金岳霖的《知识论》是他在联大的讲稿，他的哲学著作《论道》是他跑警报时在山坡上构思完成的代表作。汤用彤的《汉魏两晋南北朝佛教史》出版半个多世纪以来，国内外还没有一部著作可以取代它的权威地位。钱穆的《国史大纲》出版的扉页上写着“谨以此书献给抗战的百万将士”，这部中国通史成为各大学首先选用的教材。历史系雷海宗讲授中国通史，结合他丰富的世界史知识，把中国古代史放在世界历史的大范围内来观察。他上课只带几支粉笔，不带讲义书本，能将历史事件、年代讲授得准确无误。陈寅恪带了一包袱书，从不翻看，娓娓讲来，令人忘倦。西南联大不采用当时教育部规定的《党义》教材，以《伦理学》取代国民党的“党义”课，全国只有西南联大一家。化工系的教授陈国符是造纸专家，他在西南联大百家争鸣的气氛中研读《道藏》，他公开讲演过《道藏源流考》，后来成了道教研究专家，他的造纸专长反倒被掩盖了。百家争鸣的学风在西南联大盛行。罗庸讲“唐诗”，第二年闻一多也开“唐诗”；闻一多讲《楚辞》，第二年罗庸也开《楚辞》，两人的风格、内容各异，同学受益很多。沈有鼎为哲学系开《周易》课，只有三五个学生来听讲，闻一多也坐在学生中听讲。郑昕开“康德哲学”课，数学系教授程毓淮也来听课。陈寅恪讲“佛典翻译文学”，中文系、历史系、哲学系的助教、讲师多来听课，本科生不多，遂有“教授的教授”的称号。联大工学院的学生有的走好几里路到校本部听文科的课。学生中跨系听课现象蔚成风气。一年级国文课，全校共同必修。共十来个班，讲课的有李广田、沈从文、余冠英等十来位教师，讲授各有特色，这种气氛也只有西南联大才能做到。百家争鸣，学术民主，不但在同辈中盛行，师生之间也不乏这种宽容求是的事例。历史系王玉哲在北大历史系二年级时，对傅斯年研究《齐物论》的文章提出不同意见。傅斯年在西南联大担任北大文科研究所所长，招研究生，王玉哲想报考，又怕傅老师对他有芥蒂，后来报考了，也被录取了，师生相处得好。杨振声指导研究生写论文，学生迟迟写不出，杨约他谈话。原来他的观点与杨先生观点不尽一致，怕导师通不过。杨振声告诉他，只要言之成理，持之有故，尽可写成论文。师生完全相同，学术怎能发展？学术面前，只重证据，不论资格。当时青年研究生杨志玖看到欧洲一位著名汉学家著文说，“马可·波罗没有到过中国”。杨志玖用过硬的原始材料驳斥了这位汉学家。迄今为止，关于马可·波罗在中国的活动，杨志玖的观点已成为定论。

抗战后半段，日本发动太平洋战争，美国派来志愿空军驻昆明，日寇飞机不大敢来空袭，上课时间比较正常。中缅公路修通后，昆明成了对外交通的通道。联大有时邀请归国过路的名人讲演，我记得的有顾维钧、焦菊隐、徐悲鸿，出国作战、在缅甸密支那城全歼日本侵略军的杜聿明，等等。不同社团组织的歌咏、诗朗诵、话剧等也很活跃。师生们生活艰苦，精神生活却十分活跃丰富。

抗战胜利后，日本投降，西南联大解散。三校各回原址办学，生活条件、教学条件都有了显著改善。三校分开后，各立门户，日子过得还不错，总感到似乎还缺少点什么。西南联大的形象长期留在人们记忆里，历久弥新。

看《西南联大启示录》感到不足和遗憾的是，这一工程启动迟了几年。陈岱孙、周培源等老一辈先生先后谢世。今天能够提供信息的见证人，都属于西南联大的第二代，这个损失已无法弥补。如果再迟几年，这第二代见证人也会越来越少，即使有像张曼菱同志这样的热心人，怕也难以拍摄了。

（此文任先生曾说过，只是写给我看，不发表，故未敢见于任何报刊。但是其中讲到我未采集到的西南联大文科情况，应该作为任老的讲话留下，故将文章列于此。——张曼菱原注）

原载于《我心中的西南联大》，

清华大学出版社，2008 年版。

“小长征”决定哲学救国

一

李宁宁：听说您是在西南联大参加步行团，从长沙走到昆明的过程中决定以中国哲学史为自己的终身专业的。您能具体谈一谈吗？

任继愈：是这样的。我在途中看见了许许多多的穷苦老百姓，他们虽然没有文化，有的根本不识字，但中华民族的发展离不开他们，中国的文明是在他们的支持下创造出来的。所以我决定要研究中国的历史文化、研究他们。

（《任继愈：个人成才离不开社会》，访问者：李宁宁。

载《光明日报》，2001 年 4 月 5 日）

二

至于我之所以最终选择中国传统文化与哲学作为自己毕生的研究方向，其中对于中国社会理解的加深，起了很大的作用。那是我大学三年级的时候，也就是 1937 年的暑假，七七事变爆发，北大决定南迁，先是迁至湖南衡山的山脚下，半年后又迁到了云南蒙自县。在这中间，经过体检，我参加了由学校组织的“湘黔滇旅行团”，徒步旅行，走了两个多月，行程 1300 多公里。在这个旅行团中，除了学生，还有很多当时在北大教书的老师，像李继侗、袁复礼、黄子坚、闻一多等。当时，不但步行艰苦、风餐露宿，湘西一带还经常有土匪出没，所幸的是土匪看我们是一些穷学生，既没有钱，又不带武器，也就不再为难。但是正是这次旅行，才亲眼一睹了中国农村的贫穷和败落，使我彻底改变了自己的人生理想和态度，使我开始思考如何将自己的人生归宿与眼前的农村现实发生关系、思考怎样从意识形态的深层根本地找到其中的根源。这样，我决定用一生的时间，去探究中国的传统文化与传统哲学。应该说在做这个决定的时候，自己的心情是相当庄重严肃的，不仅有了确切的方向和目标，而且有了一种使命感。对于自己来说，人生的价值和幸福都将体现在这个目标上，这或许也可以算作是自己“安身立命”的具体体现吧。

（《任继愈先生访谈录》，访问者：向燕南、杨树坤。《史学史研究》，2004 年第 4 期）

三

记者：您是在西南联大开始走上学术研究道路的，您认为西南联大的学习与生活对您以后的学术道路产生了怎样的影响？

任老：七七事变爆发时，我在北大哲学系上三年级。学校南迁，师生们也跟着南迁，先是到湖南衡山，半年后又迁往云南蒙自。大部分师生乘船经香港，到越南河内，再换乘火车去昆明；一部分教师乘汽车去昆明；少数男教师和男生采取步行，对外称为“湘黔滇旅行团”，我参加了，从湖南徒步到云南，走了将近两个月，行程 1300 多公里。这次旅行使我有机会看到了中国农村的贫困和败落，从而改变了我的人生理想和态度。

我开始认识到，作为一个中国哲学史的研究者，不了解中国的农民，不懂得他们的思想感情，就不能理解中国的社会；不懂得中国的农民、中国的农村，就不可能懂得中国的历史。这也在客观上为我转向马克思主义打下了思想认识的基础。

抗战时期的西南联大，办学条件相当艰苦，校舍全是茅草顶的房屋，窗户上连玻璃都没有，关与不关区别不大。理科学生做化学实验，酒精不够，只能放在木炭炉子上加热。但艰难困苦的环境，不仅没有动摇联大师生们克服困难、追求真理的信心，反而更加坚定了他们的求学意志，激发了他们的创造才能，从而做出了一流的科学成果。西南联大的学习与生活，让我更加坚信，在人与环境的博弈中人的作用是十分重要、十分关键的。

（《修辞立其诚，无意著东风》，访问者：胡绍皆；特约记者：黄奎。载《中国宗教》，2005年第1期。）

四

1937 年七七事变爆发后，北京沦陷。于是北京大学、清华大学、南开大学三校在湖南长沙成立了联合组成的“临时大学”，并在长沙继续上课。半年后，“临大”又被迫从长沙迁往昆明。当时我们是在闻一多先生的率领下，步行从长沙迁往昆明的，行程1300多公里。沿途我看到底层的老百姓在那么贫困、艰苦的条件下还在默默无闻地支持抗战，我就觉得这是中华民族的力量所在、精神所在、希望所在。我就决定要研究中国传统文化，要以此为终生的事业。

我看到农民是那么贫困却承载着这么大的一个贫穷的国家。你看那些被绳子捆着拉走的壮丁，他一旦懂了爱国主义这个道理他就不再逃了，就会拼死抗击日寇。中华民族的不可战胜就在于此，很了不起。外来压力不屈服，一定要反抗，这根本就是中国文化在起作用。中华民族有着自强不息的优良传统，而有的民族就不是这样，殖民地久了的民族就不是这样。法国人统治越南时期，西南联大一个学生由内地去昆明，途经越南河内。在越南码头看到一个搬运工人帮下船的旅客搬行李，搬完后旅客给点钱，那个人嫌不够就又找他要，就又给点，然后又要。这样反复几次后，旅客“啪啪”地给了那搬运工人两个耳光又踢了他几脚，那人就不再要了，什么也没说就走了。要是中国人就不会这样，要，也不会要起来没完，挨了打也不会这么就拉倒了、就没事了。可见殖民地教育维持了百多年，把民族自信心、自尊心摧残殆尽了，不经过长期独立自由的社会变革，是难以改变的。今天的越南人民站起来了，意气风发，今非昔比。

这跟教育、跟文化很有关系。你看英国占领了香港以后，爱国主义教育就很少，鸦片战争也不提了，是非就不明了。中国不是这样，要争个是非、争个清楚。

所以教育要跟上，教育很重要。我们一再说科教兴国，教，即教育。文科更要抓紧……听说有的小学生都有雇同学给答题的现象，给你十元钱给我做道题什么的，这都是教育的问题。

（《继绝存真，传本扬学》，访问者：梅辰。载《人文大家访谈录》，中国文联出版社 2005 年版）

五

我小时候喜欢刨根问底，别的学科只解决个别问题，哲学研究人生的根本问题，所以我对哲学感兴趣。

1934 年，我考上了北京大学哲学系，研究西方哲学，可谓顺利。当时学哲学的人少，因为在当时的社会环境下，读哲学很难找到一份合适的工作，可谓前途渺茫。当时进哲学系的一共有十几个人，最后只剩下三人，我便是其中之一。

1937 年七七事变爆发，北大、清华、南开三所高校奉当时教育部之命南迁到湖南长沙，成立国立长沙临时大学。在长沙开学半年后，因南京失守，又奉命迁往云南蒙自县，成立西南联合大学。

我当时正在哲学系读四年级，报名参加了由长沙出发步行到昆明的“湘黔滇旅行团”。经过了体检、填写志愿书、打防疫针一系列程序之后，200 多名师生开始了这次“小长征”。此次旅程历经 60 余天，3000 多里路。这次旅行，彻底改变了我的人生理想和态度。中国农村的荒凉破败、农民的贫穷困苦，强烈地敲击着我的心，让我感到震撼：底层的人民承受着战争的苦难，却依然坚贞不屈。中华民族有非常坚定的信仰，有很强的凝聚力，是什么样的力量在支持她？

我开始思考我的人生理想如何与眼前的农村现实发生关系。也正是因为这个原因，我从研究西洋哲学转而研究中国的传统文化与传统哲学，半个多世纪过去了，这脚步从未停止过。

这么又穷又大的一个国家，每一步的发展，都离不开广大农民的巨大支持，要钱出钱、要力出力，包括前线打仗，性命都送上，就是不计代价地维护国家和民族的尊严，这是一个看不见的凝聚力。我觉得中国的文化问题值得研究，于是开始了中国哲学史的研究。

我认为，作为一个中国哲学史的研究者，不了解中国的农民，不懂得他们的思想感情，就不能理解中国的社会；不懂得中国的农民、中国的农村，就不可能懂得中国的历史。

（摘自《觉悟了的群体才能推动社会》，原载于《人民论坛》2008 年第 6 期。）

西南联大人和事

一、谈西南联大

大学是个工厂，不是作坊。讲唯心论的熊十力先生，我听过他的课；梁漱溟先生那里，我去拜望请教过；胡适在北大讲文学史、讲中古思想史、讲王充，我听过；钱穆先生讲中国通史课，我从中也有收获。所以，学习是多方面的，很难说单一师承哪一个。

金岳霖先生的课我也听过。抗战前我是北大学生，你们华东师大的冯契先生原来是清华的，抗战中我们都合并到西南联大，他是冯友兰先生的研究生，我们都必须听金先生的逻辑学必修课。冯契先生与金先生的思想体系比较接近，所以他从导师冯友兰先生那里得到的没有那么多。这就好比走进一个大百货店，看你自己是在哪个柜台挑选了。

看了许多书，回头看，看书也值得。当时不太理解，后来学了马克思主义，便有领悟。

［像您和冯契先生这一代哲学家，都比较多地接受了马克思主义，这就与冯友兰、汤用彤先生那一代哲学家有了差别。今天来回顾，您认为彼此各有什么所长？］当自己的民族遭受欺凌、文化被人轻视之际，我们都想要发现，中华文化有哪些是可以自立于世界文化之林、立于不败之地的，甚至有哪些是将来可以对人类发展做出伟大贡献的。

七七事变时，正是暑假。学生不能回北平，就在长沙成立了临时大学。我当时是在北大三年级，去临时大学报到，读了半年。长沙屡遭轰炸，并不安定，学校决定撤退。一部分师生乘船，经香港绕道安南（越南）赴昆明；一部分体检合格而又自愿的人员参加步行，从沅陵、贵阳一线走着去，有 3000 里路程。我参加了，有些老师也参加了，如闻一多先生、生物学家李济同先生，他们当时是四十岁左右。步行相当艰苦，好处是亲眼一睹了中国很贫困的地方……

（小长征）走了两个多月，这种教育很难得。且不说风餐露宿、冒雨跋涉，有时还会遇上绿林好汉。湘西虽多土匪，但学生一没钱二没武器，提前一天派人到必经之路向剪径者打个招呼，就不来骚扰。

爱国主义对于中国广大知识分子来说，是一种力量、一个共同心愿。那时品评某个人，抗日与否是一个分水岭。我们到达西南联大后，条件仍很艰苦，校舍是茅草顶，窗户倒是能开能关，但没玻璃，关不关都一样。学生听课晚去没座位，隔着窗户也一样听课。幸好昆明的冬天并不冷，夏天也不热。

（辑自《学术界要自重、自爱、自强》，载《文艺理论研究》，1995 年第 5 期。）

二、谈西南联大时期的钱穆

钱穆给我很好的印象，他是一个从历史学家的角度进行爱国主义教育的好老师。

（我们）有共同的东西、共同的感受。影响，不是一个人给另一个人的，而是双方的呼应。接不上茬，呼应不到，就谈不上影响。

我在二年级时，钱穆先生教中国通史，《国史大纲》是个讲义，他讲所有课都很有感情。他在方法上接受王国维那一套，考古学、人类学、文献资料结合起来讲。这是个新方法，过去讲历史光讲书本，不讲地下实物，他结合安阳考古，方法很新，效果不错。

他的那部书出版于抗日战争第二年还是第三年，在商务出版的。扉页上写着“谨以此书献给前线百万将士”，他不是说献给我的亲人、我的爱人什么的。

那时在云南，快毕业了，有一次在集会上讲演，冯友兰先生说，抗日战争一定会胜利，胜利以后我们就是头等的强国，我们要怎么样就怎么样。给我的印象深极了。

当时有些学生受不了这个流亡生活，就要求参军，到第一线去打敌人。钱先生说，你们不要认为我们在后方念书就是苟安、怕死，你要用前线战士的精神去读书啊，你才能读得好、才能报效国家。

（辑自《世纪老人的话：任继愈卷》，辽宁教育出版社1999年第1版。）

三、谈西南联大时期的冯友兰

（我）听过冯先生讲课，给我的印象是他讲课特别有条理。他受过现代逻辑训练，思维很清晰。讲课时他慢条斯理，要是记笔记记得快，能跟上他讲的话，那就是一本完整的讲义，可以出版成书。冯先生讲课，没有废话，这很不容易。冯先生晚年写书，他眼睛坏了，看不见了，完全是靠口授，由助手记录下来，然后念给他听，再修改一下就好了，基本上出口成章。人们说一个人有才，往往用“出口成章”“倚马可待”来形容。说汉代枚乘写《七发》和唐朝王勃写《滕王阁序》，是当场出口成章写成的，被传为千古佳话。但那只不过是一篇文章，冯先生晚年是出口成章地写下了一本又一本的书，这些书都是传世之作。

[冯先生有高度的抽象概括能力，他善于把复杂的事物说简单]比如说讲名家公孙龙和惠施学说的人很多，但很少有人能把它们讲清楚，更没有人能讲清二者的区别。冯先生就把公孙龙的学说概括为“离坚白”，把惠施的学说归结为“合同异”，很简单的三个字，就把他们的思想讲明白了、区别也讲清楚了。

在哲学年会的一场学术报告中，他讲的是朱熹哲学。他说世上万物都是由“理”和“气”构成的：“理”就是原则、是形式、是结构，“气”是物质、是质料、是材料。比如说陶瓷茶杯，它有它的形状和结构，这是“理”；但做茶杯要有陶土，这是“气”。做茶杯就是根据茶杯的形状把陶泥做成茶杯。物质在英文中又称为“材料”(stuff)。冯先生把“材料”音译成“士大夫”，说可见“士大夫”并不是无用，还够个料。后来的哲学会上冯先生有个报告，他在谈到朱熹哲学的“理”跟“气”的问题时，就索性把“气”叫作“士大夫”。

（冯先生）《贞元六书》有一部分是在学术报告会上讲过的。比如说《新知言》里讲禅宗的“负方法”就是最先在学术报告会上讲的，后来才被收进书里的。西南联大的好处是在于它的学术空气特别浓厚，每个礼拜都有几次学术报告会，内容涉及哲学、政治、经济等众多领域。冯先生讲了很多次，其他的如汤用彤先生的《言意之辩》与贺麟先生的《儒家思想的新开展》等最早也是在学术报告会上讲的。

冯先生教育学生的方法比较有趣。他说读大学是以自学为主，当研究生就等于是学游泳，老师把你扔在池子里，游过去你就毕业了；游不过去，中途就会沉下去，有人把你捞上来，说明你没有走完你应该走的路。做学生都是靠自己闯出来的，你把着手教，那是教不出人才来的。冯先生这些清华人说，清华大学的原则是“成者为王，败者为寇”。成了你就是学术界的头，败了就什么也不是，我觉得这个在今天说很有启发。今天就没有自学的时间给你，现在这功课满满的，特别是中学生更是这样子，哪有自学的时间，大学基本上也是这个样子。

西南联大刚迁到昆明的时候校舍很紧张，文学院就在蒙自租房子住。一次聚会请冯先生讲话，他说我们目前的抗战是十分艰苦的，但等打败日本以后．我们就是头等的强国了。目前的困难只是暂时的。《西南联大纪念碑碑文》是篇很有名的文章，冯先生那时坚定的信念就写在碑文里面了。

冯先生开始住的地方距离学校还比较近，后来为躲避空袭就搬到郊区住，那里距离学校比较远，当时没有什么交通工具，来往全靠步行。冯先生和闻一多他们就是靠步行来往学校上课的，为了节省时间，有时他们就住在学校。

在西南联大时，老师和老师之间、学生和学生之间、老师和学生之间，都能够相互尊重，这一点很值得学习。卞之琳教授对莎士比亚很有研究，虽然没有留过学，可是他翻译的莎士比亚，比那些留过学的翻译得还好。他和何其芳、李广田组织了一个诗社。他去过延安，可因为不习惯那种生活，于是就回来了，回来以后，让他照常教书。要是到后来的极“左”时期，一定说他是个逃兵甚至是叛徒，不会让他教书的。西南联大就有这样的传统，不同信仰的人可以相互尊重和共处。在一个大门里面，两边都有壁报，一个是“左”派人办的，另一个是右派人办的，大家各办各的，互相并不干涉。又如冯先生对各党派学生一视同仁，他的学生冯契是共产党员，冯契毕业后一时没有着落，冯先生给他找工作。贺麟是国民党员，他是我的导师，对我就很好，但他并没有动员我加入国民党，对这些事情只字不提，我也不提。讲学问就是讲学问，跟政治没关系。冯先生也是这样，他不跟学生讲政治。

（辑自《实说冯友兰》，北京大学出版社2008年第1版。）

四、我在西南联大的故事

抗日战争时，我在西南联大骑车过一座石头桥，桥是旧式的，两个石板搭的，上了桥就转弯，结果就连人带车掉到河里去了。真是碰巧，那个河没有水，河床又是潮湿的，泥土很软，所以不仅没摔死，也没受什么伤。也没有人救我，我自己晕过去了，后来自己又起来了，爬起来就走。这是最后一次历险吧。

这都是偶然性，按老百姓的讲法就是天意，运气好而已。

比如我编这个哲学史教科书，那时哲学系人也不少嘛，找我来编，这也是偶然性。找别人也可以编出来的。

……

爱情也是偶然的。

我在西南联大教书，当讲师。有一个同学叫王维澄，研究哲学史的，北大哲学系毕业，在英国留学。他是汤用彤先生的研究生，毕业论文写的是《老子化胡考》，胡就是胡人。这篇文章写得很好，现在研究道教的，还没有超过它的。这人回来以后，在师范学院当副教授，教哲学史，他爱人在联大附中教语文。有一段时间，她生病请假，让我去代课，问我行不行。我们是老朋友，那就去吧。这个中学语文，也是个新问题，教小孩嘛，试试看。

我现在这个爱人冯钟芸，当时也在联大附中，教另外一班的语文，我们就这样认识的。

后来，她又到联大中文系当助教。当时中文系有闻一多、朱自清、罗常培等，她当助教。中文系当时有一部《四部丛刊》，中文系与哲学系办公室连着，哲学系没什么书，研究中国哲学史，那个《四部丛刊》很有用，我常去借书。她备课也借书，接触的机会就多了。她的伯父是冯友兰，有时候我到冯友兰家去谈点问题，也常碰上。

我们结婚很晚，汤用彤先生很关心我们的结婚问题，跑到冯家去，代表我的家长，我家一个人没有嘛，代表我的家长去谈这个事情。中文系的系主任是罗常培，北大的，对我印象还不错，我们住在一个集体宿舍。她在他的系里当助教，两个系主任促成了这事。

汤先生有时家里请客，也请我们俩去吃饭；罗先生有时还请我们逛逛昆明滇池公园，这么来往就多起来。当时还举行了一个订婚仪式，证婚人就是罗常培先生。

我不大说让人听着喜欢的话，冯先生说“这个人怎么不会献殷勤”，直来直去的，与别人不大一样。

汤先生提亲很郑重。那时都穿长衫，他还加一个马褂，很有意思，跑到冯家去。

汤先生那时候有三个学生嘛，一个结婚了，我和石峻没结婚。石峻跟我同岁，他也为石峻创造机会，没有成。那时老师对学生很关心，流亡时期，国破家亡的时候，师生之情很重。

那时，我们学生念书没有钱了，找老师，老师给帮助帮助。

山东人喜欢早婚，我小的时候，家里给我订过婚，我退了，也没见过这个人。有这么一件事。

处理家庭关系，要求同存异，人不能完全一致的，完全一致，限制了两个人的自由，都不舒服。她有她的天地，我有我的天地。到现在为止，写给她的信我不拆，既不看，也不问。对我的信，她也同样，除非我主动有什么事跟她商量，一直是这样。

（辑自《世纪老人的话：任继愈卷》，辽宁教育出版社 1999 年第 1 版。）

五、西南联大的课堂

大学的这几年对我来说非常重要。我也很幸运，遇到很多好老师，就历史方面讲，印象深刻的有钱穆先生，他教中国通史。最初中国通史被分成四段，四个老师讲，太分散了。一个老师一种讲法，往往重复，串通不起来。后来北大考虑，不分四段，集中为两段，计划从我们这届起，由钱穆先生教前一段，陈寅恪先生教后一段。后来陈寅恪先生没有来北大，就由钱穆先生一个人讲下来。全部通史一人讲有一人讲的好处，有照应、有联系，而且有水平的老师讲下来自成体系。此外胡适讲中国文学史，陶希圣讲中国政治思想史，他们讲课都很生动。钱穆先生能讲，虽然有很重的无锡口音，但是总带着感情讲，有感染力。顾颉刚先生口才不行，但思路很好、治学谨严。那时，教学没有教学大纲，只有主讲人的讲义发给大家，都是讲他们自己的。记得是蒙文通讲宋史，当时胡适是文学院院长，一个学期之末，他问学生："你们的宋史讲到哪了？"学生说讲到王安石变法。后来，下学期要结束了，快放暑假了，胡又问学生："你们的宋史讲到哪了？"学生说讲到王安石变法（说到这儿，任老和我们都笑了）。宋史虽说就讲了一个王安石变法，但讲的是他有研究的专长，很启发人。邓广铭就是听王安石变法受到了启发。

（《任继愈先生访谈录》，访问者：向燕南、杨树坤。《史学史研究》，2004 年第 4 期。）

六、西南联大的自由学风

那时候学术自由，学生可以质疑老师，老师也不觉得是冒犯,而是鼓励。那时候都是这样的,不是个别人刻意这样做。

(《哲学救国70年》,载《瞭望东方周刊》,2006年第52期。)

七、西南联大时期的回忆

长沙那时候老被轰炸。（课）上不了了，上课时候影响，南京已经失守了，国民党也要放弃，要保卫大武汉嘛，长沙也不在其内了，蒋介石告诉学校，你们找个地方搬，政府批准你，结果蒋梦麟他们就找嘛，看昆明还好一点，昆明有个滇粤铁路，图书仪器方便一点，对外交通没有堵死，成为这么个学校，搬过去以后名称也改了，叫“西南联合大学”。

我就参加那个步行团。（按军队）编制，按部队军队编两个连，一个连第一连、第二连这样。老师也是，也是步行团的团员，军队编制，那个团长是部队找了一个中将，姓黄。

张治中在长沙的时候请了这么一个人，把我们这一拨带到昆明为止，他是团长。

（一路上）印象最深的就是贫困，贫困落后。这个给我印象很深刻，教育也很大。当时我就想，这样贫困落后的那些老乡支持这个抗战，因为出力的是他们，第一线当兵的是他们，出钱的也是他们，虽然没有钱也得出啊，所以也是他们，所以我觉得中华民族没有亡啊，这个、这个底子太厚了。

中华文化总有一些值得骄傲的地方，值得、值得研究的地方嘛，过去研究得不够，我就从那开始，开始学习研究中国哲学。

清朝的一个学者，叫作章学诚，他说过一句话，他说："灭人之国者必先亡其史。"他说想灭这个国家的，必须先消灭它的历史。

割断它旧的联系吧，你看现在的日本，它修改历史，修改历史，它就是忘记了那段历史，这个日本占了满洲国，就是东北，它不让学我们的历史，学满洲国的历史，另编。再就是我们香港接收的时候，我那个老伴编制中学教材、中学教科书，香港的中学生不知道鸦片战争，在中国是个大事，这个就是国家的命运从那以后就变了，它不知道，就是一个商业纠纷，轻描淡写的商业纠纷。反面来看，你这个日本，它修改它的教科书，咱们还得跟它交涉，都是这个道理，这个历史太重要了。

所以我们觉得我们五千年的文明，这个历史我们讲得不够，有了这个历史它就可以增加爱国心、凝聚力，那就好多了，而且有些历史故事，我是主张历史要加强历史的教育。

钱穆也说过，他说咱们前线抗战是流血牺牲，你这个后方念书也要有那种精神才能够念好。想到这个问题，念书其实是为了祖国。

那时候西南联大以及北大有个要求，研究中国的必须学外国的，研究外国也要学中国的，融通啊，中外交流啊，那时候学风就是这么好。

老师中间呢，也是百家争鸣啊，较劲。你比方这个老师开课吧，闻一多讲这个《楚辞》、讲《唐诗》，北大有个教授叫罗庸也讲《楚辞》、讲《唐诗》。今年闻一多讲《唐诗》，罗庸就不讲《唐诗》了；第二年罗庸开《唐诗》，闻一多就不讲《唐诗》了。

学生就很得益处，那时候沈有鼎讲《易经》，讲《易经》呢，那个《易经》很难懂嘛，选的人也不是很多，有这么十来个人吧，听《易经》的有一个就是闻一多。

最有特色的就是西南联大的这个学术空气比较浓厚，因为每天晚上啊，有自由讲演，有海报出来，什么先生讲什么东西，那时候我们就听到好多学生老师讲他擅长的东西。

熊十立先生一直是在北京大学，不是教授，而是专任讲师。那时候北京大学有个规定，教授要开三门课，不开三门课的只能当讲师。那时鲁迅就是讲师，鲁迅在北大教《中国小说史》；

闻一多讲《诗经》，他是清华大学的教授，到北大就是讲师，就是这么个规定。讲师不给路费，学校不管，自己去，熊十立先生是冒着大雨坐那个敞篷车，运煤的那个车(回去是空的嘛)，搭那个车跑到汉口，然后找他的学生（学生当校长），住到学校里头给他安排的房子，这么个情况，后来西南联大知道熊先生去了以后就请他做教授，从那开始熊先生是教授了，不是讲师了。

（摘自山东电视台《国学大师：任继愈》，2007年7月16日。）

辑 2
桃李芬芳

吴宓先生

早在读中学时，看过吴宓先生在《学衡》杂志上的文章，没有见过面。抗战开始，北大、清华、南开三校合并，成立西南联合大学。文学院由湖南衡山搬到云南省的蒙自县，在南湖边租用了一所倒闭的法国商行，单身教授和男生宿舍都在这所楼上。记得吴宓先生和叶公超同住一处，有时看见他在南湖边与叶公超教授散步。蒙自县城内有一家卖甜粥的小店，店主人是四川人，有一定的文化修养。吴先生曾为这家小店写过一副对联："无名安市隐，有业利群生。"这副对联为这家小店增色不少。半年后，联大迁回昆明，几十年没有回过蒙自，我却时常想起这家小店和吴先生的对联。

1939 年起，北京大学文科研究所招收研究生，我的导师是汤用彤先生和贺麟先生。汤先生是吴宓先生多年好友，贺先生也和吴先生很熟。毕业后留在西南联大教书，我有机会与吴宓先生相识。从汤、贺两位先生处得知吴先生的为人，用一个字概括，就是一个“真”字。他对人、对事、治学，不矫饰、不敷衍，他的言与行天然一致。

吴先生处事不大会考虑个人得失，也可以说他不善于为个人的利益打小算盘。在这种不善于为个人利益打小算盘的师长中，使我难忘的有两位，一位是金岳霖先生，另一位是吴宓先生。在昆明时，正值吴宓先生五十岁生日，他在《五十生日诗》中有一句是“为人谋何巧，谋己一何拙”。他的信念是：学推孔柏先，教宗佛耶正。学术上推崇孔子和柏拉图，宗教观上他服膺佛教与基督教，他的哲学观和文化观与贺麟先生很接近。学术界多认为贺先生是研究黑格尔的专家，实际上贺先生对伦理学、价值论、中国的宋明理学都有精到的造诣。研究西方伦理学离不开基督教，吴宓先生信奉的西方人文主义也与基督教有不可分的关系。在昆明时，吴、贺两位与当时流亡到昆明的燕京神学院赵紫宸教授经常来往。有一段时间，赵紫宸教授家定期约集几位对人文科学有兴趣的学者举行茶会，大约每两周（也许是一个月）聚会一次。赵紫宸先生除专研基督神学外，还是一位诗人，写旧体诗、填词，也写新体诗，曾把他的诗集《玻璃声》分赠给大家。这样的聚会吴先生倡议取名为“心社”(Mind Society)，只有四五个人。这个谈心、论学的集体，大约举行过七八次集会，后来赵紫宸先生离开昆明，就解散了。在这个会上，贺先生讲过“知行合一的相互关系”（后来发展为《知行合一新论》，收入论文集）；赵紫宸先生讲过基督教神学；吴宓先生讲过一次“红楼梦的文学造诣”。吴先生说《红楼梦》内容且不说，只就章回小说的回目标题而论，其对仗之工、文字之美，任何章回小说都难比得上，还随手举出第三十五回“白玉钏亲尝莲叶羹，黄金莺巧结梅花络”为例。

也是在这一次聚会上，谈及柏拉图对话集中的《酒谈会》，由此又引申到西方流行弗洛伊德学说的影响。吴先生说，男女间的交往属于一种交叉关系，男人与男人、女人与女人的交往属于平行关系，确有不同。吴先生说，男人和男人的友谊、交往可以长期保持，甚至持续几十年不变，不远也不近。女人和女人之间的交往、友谊也是这样，都能以平行线的形式持续下去。如画个坐标图，可以用一纵向、一横向来表示。唯有男人与女人之间的交往与友谊，纵横两线相交会处，即构成家庭或相爱，有一个结合点；如两线交会而未构成家庭或发生爱情，没有产生结合点，这两条线延伸下去，越离越远，再无相交的可能。吴先生举出这种现象，给人以深刻的印象。当时没有黑板，吴先生用手比画着说明两条纵横线条的平行发展和交会于一点的情况。何以有此种现象，可惜吴先生未曾深论。

吴先生长期过着单身生活，不与家人住一起，住单身教员宿舍。记得在昆明时，他有一段时间与叶公超教授同住在文林街一所宿舍。每天早晨叶公超到菜市买菜。叶虽为教授，在抗战时期生活困难，买菜好斤斤计较，价钱讲妥，叶还要从摊贩菜堆里再抓一把放在自己菜篮里。叶公超毕竟是教书先生，手脚不灵便，十之八九被菜贩把菜夺回去。对这类事，吴先生很看不惯，警告叶说，你这种爱占小便宜的习惯不改，我就不再陪你逛菜场了。后来吴先生搬到北门街另一所单身教员宿舍，直到他离开昆明。

与吴先生直接打交道的还有一位系主任C君，C君英语讲得好，善于交际，人缘也好。他对西方传统文化和东方传统文化所知不多，中文修养也差。吴先生学贯中西，对这位缺少文化修养的系主任很看不上。C君对吴先生想必也没有好印象，对他的照顾很不够。吴先生在北门街宿舍住在一间阁楼上，光线只能从书桌下的空隙中反射上来，室内光线非常昏暗。吴先生有意离开西南联大，到贵州湄潭浙江大学教书。有一天，贺麟先生和冯友兰先生商谈关于西方哲学名著翻译的事（他俩都是西方哲学名著编译会的常委，另一位常委是汤用彤先生）。谈话间隙，贺先生忽然问了一句："吴雨僧现在去贵阳，不知走了没有？"冯友兰先生听了大吃一惊，作为文学院长，他还不知道吴先生要离开联大。两人赶到长途汽车站，幸好汽车还未开出。冯、贺两位把吴先生劝了回来，留下不走，又回到他那间光线来自桌子下方的单身阁楼。这一次贵州未去成，但吴先生去意已决，后来还是没有等到西南联大结束，就转到四川成都教书，西南联大结束前他就离开了昆明。

1946 年，西南联大解散，三校各回原处，大部分教员从重庆飞回北平，也有从海路或其他途径回去的。当时我家在西安，我要由重庆经成都去西安，顺路看望钱穆先生和吴先生，在吴先生处住了一晚。吴先生住齐鲁大学的职工宿舍，房间简单、朴素。窗外下着细雨，在昏暗的灯光下（好像是煤油灯），我向吴先生讲了个人的读书及生活中的困惑，大部分时间听吴先生谈论中国儒家文化精神、为人之道，当然也讲到白璧德。第二天要上路，向吴先生告别，感谢他长辈关怀后学的深情。

吴先生说，论年龄，我算长辈，我不喜欢人家把我当长辈看待，愿你把我当作朋友，以朋友的地位，无拘无束、推心置腹地交谈，这样很好。

清华大学迁回清华园旧址，吴先生与清华大学的关系非同寻常，清华是他的母校，只要他表示肯回去，清华大学求之不得。只是由于他和C君合不来，没有回到清华，他由成都转到了重庆，此后的经过，师友所共知，不再赘述。如果当年回到清华，情况可能另是一样。1948年，清华面临解放，C君仓皇逃走，吴先生和他的多年好友如陈寅恪、汤用彤、贺麟、冯友兰、金岳霖，都在各自的岗位上留下来，迎接了新中国。不论走了多么曲折的路，中国人民站起来了，几代爱国人士的梦想成为真实，“求仁而得仁”，他们无所尤悔。

贺先生常和我说：“吴宓先生讲授英国浪漫主义诗人的诗，他本人就是雪莱、拜伦，他这个人的生活就是一首浪漫的长诗。”

吴先生生长在陕西，关中有高山大川，水深土厚，文化传统可以上溯到周秦。吴先生具有关河人物的凝重、刚健之质。古人常说关西出将、关东出相，吴先生生于关西，出身于军官家庭，他禀赋武将的性格，却走着诗人学者的道路。这种奇特的结合，铸成吴先生特有的风格。

吴先生是重践履的浪漫主义诗人学者。浪漫主义使人趋向高洁、免于庸俗，但高标傲世，往往不见融于庸鄙。吴先生深受儒教熏陶，与西方传统的浪漫主义不尽相同，因而带有吴宓印记。

以浪漫主义为生活基调的诗人、学者，不论生于治世或乱世，概难免于遭际坎坷、见讥于流俗。浪漫主义气质过重的人，以之治身，多误身；以之治国，多误国。中外史乘，屡见不鲜。

吴先生从事教育事业，一生为国家培养了大批有用之才。人们多知道他是西方文学的教授，培养了外国语言、文学人才，而不知道他对国学也做过杰出贡献，闻名中外的清华大学国学研究所，吴先生就是创建人之一。陈寅恪先生当年一无外国博士头衔，二无成本著作问世，吴先生把他招来与王国维、梁启超几位大师同聘为导师，足见吴先生学识过于常人。冯友兰先生曾把《庄子》（内篇）译成英文，冯友兰先生深知吴精通庄学，出版前请吴先生润饰英文译稿。

处于“文化大革命”时期，吴先生偏偏被安排在最轻视知识的环境中。赶上视人才如草芥的年月，令人遗恨千古。

在当前改革开放的新形势下，要使国家富强、立于不败之地，首先要培养人才。人才是开发不尽的宝贵资源。天然资源如煤、矿山、石油固然是可贵的资源，但没有可用之才，即使自然资源丰富，也只能供强国来掠夺；人口众多，如果教育落后、国民无知、民族素质不高，就只能沦为殖民地，只能被奴役，供强国驱使。只有发挥人才的优势才是真正的优势。人才是取之不尽、愈开发愈多的资源，开发人才资源离不开教育，而我国的教育仍需进一步给予应有的重视。

现在经济扶贫已引起人们的注意，而文化扶贫似乎还未过于重视。全国还有两亿文盲，拖住了现代化的后腿。

吴先生一生的遭遇，从一个侧面反映着广大知识分子，特别是高等知识分子的遭遇。说它小，可以看作个人的沉浮、荣枯；说它大，吴先生的一生遭遇，可以关系到民族、国家的兴废存亡。这种劫难性的历史希望永被埋葬。吴先生墓木已拱，后来者长途漫漫，任重而道远。

原载于《念旧企新：任继愈自述》，
人民日报出版社 2011 年版。

冯友兰先生在中国哲学史领域里的贡献

那是在 1932 年，我在北平大学附属高中读书，国文老师讲课，选了不少辅助教材，其中有关于老子年代的学术争论。那时起，开始知道胡适、梁启超、张煦、冯友兰、唐兰几位先生对老子年代的见解，他们争辩的问题引起了我对哲学史的兴趣。

由于这种偶然的机会，使我后来在考入北大文学院时选中了哲学系。记得有一次开中国哲学年会，冯友兰先生的论文是《朱子的理与气》。冯先生说，朱子的“理”意为“形式”(form)，朱子的“气”意为“料”(stuff)，还说，stuff 或译为“士大夫”，可见士大夫还够个料，不是废物。记得会上还听了邓以蛰先生讲中国画的“气韵生动”，胡适先生的题目是《程绵庄的哲学》。大约在1934年，北大学生会邀请校外专家做学术报告，冯先生讲的题目是《新三统五德论》。冯先生运用发展观阐明社会变革与学术变革之间的关系，印象极深，至今不忘。

大学的第四年，北大、清华两校被迫南迁，我只在湖南住了半年，文学院设在南岳衡山脚下。冯先生开设了朱子哲学课，金岳霖先生讲知识论课。因为这两位先生都是清华大学哲学系的老师，北大的学生平时听不到他们的课，我都选修了。冯先生的“朱子哲学”课的内容和朱子关系不大，只是借用朱子哲学的某些范畴，发挥冯先生自己的体系。授课的讲义随讲随印，后来在云南蒙自石印出版，书名定为《新理学》。冯先生在书的扉页上题诗云：

印罢衡山所著书，踌躇四顾对南湖[①]。鲁鱼亥豕君休笑，此是当前国难图。

在蒙自半年，西南联合大学新校舍建成，文学院迁回昆明。冯先生此后一直在西南联大讲授中国哲学史课，还曾用《新世

---

① 南湖在蒙自城外，学校附近是一所公园，称南湖公园，是西南联大师生朝夕游憩的地方。

训》代替教育部规定的伦理学课程。冯先生写《新知言》，注意禅宗的方法论，曾在全校做过关于禅宗的讲演。抗日战争期间，冯先生曾应聘到重庆讲学半年，我曾替冯先生讲授过中国哲学史课程。教材还是采用冯先生的书，对冯先生的观点有了一定的了解。

冯先生的《中国哲学史》比胡适的《中国哲学史大纲》在国内外有更长远的影响。“五四”时期，胡适的《中国哲学史大纲》（上）曾引起过学术界的广泛重视，因为它改变了中国哲学的面貌，从取材到立论都带有现代化的标志，远远超出了封建时代的眼界。胡适的《中国哲学史大纲》只有先秦部分，汉以后没有写下去。胡适过多地采用了美国实用主义观点，对古代哲学学说的评论往往停留在表层。金岳霖先生曾指出，胡适写的中国哲学史，好像是一个外国人谈论中国的哲学。见冯友兰著《中国哲学史》审查报告二，商务印书馆出版。胡适批评庄子哲学，说他“使人变成达观的废物”，这种评论显得没有说服力，又由于胡适抱着对西方学术界的偏见，认为中国只有思想，没有哲学，以致后来他主持的北大文学院哲学系没有中国哲学史课程，只有中国思想史课程。胡适在历史系开设中国思想史，讲授的内容还是中国哲学史的内容。

冯友兰先生认为中国不但有哲学，而且中国哲学有它内在的体系。他不是简单、轻率地对待古人，而是力图把古人的体系按古人自己的思路，用现代人的表达方式表示出来，他称为同情的理解。冯先生自己说，讲到庄子，令人读了似乎站在庄子的立场上说话；讲到孟子，令人读了似乎站在孟子的立场上说话。这种方法显然比胡适的方法深入了一层。

冯先生具有系统的现代科学方法的素养，又有高度抽象概括的能力。他讲的中国哲学史，能把一些长期讲不清楚的问题讲清楚。比如把先秦名辩思潮中的惠施哲学归结为“合同异”，把公孙龙的哲学归结为“离坚白”。现在的中国哲学史界都接受了这一观点，并认为本来应当是这样的。其实，这只是前辈学者留下的成果，后来者顺利地接受下来罢了。冯先生以前的学者都没有这样简明。像这样的例子还多把佛教哲学列入中国哲学史，是从冯先生开始的。冯先生虽然对佛教部分自己感到不满意，但他的开创之功不可湮没。这都表明冯先生善于以简驭繁、高度概括，值得我们学习、借鉴。

哲学史上下数千年，重要的哲学家、有资格上哲学史的，列举一二百家不算难事。这样做只能给人以流水账的印象，好的哲学史，不在讲述的人有多少。冯先生的哲学史（包括《中国哲学史新编》）在几千年的断限内，有重点地浓墨重彩、着意介绍的不过十几家，该简化的简化、该突出的突出。先秦各家是中国哲学的源头，对这一段的哲学花了大量篇幅，这是必不可少的，就好像西方哲学史不能不详细介绍古希腊哲学一样。汉以后，重点介绍董仲舒、王充。魏晋时期重点介绍了王弼和郭象，并把他们从《老子注》和《庄子注》的附庸于老、庄的地位分离出来，使他们独树一帜。这种见识在今天看来认为是理所当然的，可是在当时无疑是一个创举。

宋明时期重点放在程朱，这些篇章写得精彩而充实。

更值得称道的，也是表现冯先生哲学史的卓越见识的地方，还在于他的中国哲学史的分期。

《中国哲学史》旧著分为“子学时代”和“经学时代”。子学时代的断限约为四百年，经学时代断限约为两千多年，没有真知卓识是不敢这样处理的。冯先生当年还没有接受用社会发展史、历史唯物主义的观点来观察社会，但他通过广泛而深入的科学实践，感觉到这两大时代的哲学有着本质的差异。子学时代的特点是建造，经学时代的特点是阐述。子学时代奴隶制解体，封建制尚在形成中，新兴的阶级及集团各有自己的社会力量，必然要有自己的代言人。秦汉以后，政权统一、政教合一的格局越来越完备，很多哲学学者“以述为作”，借古代经典为招牌，装进新的内容，冯先生称之为“旧瓶装新酒”，从而形成经学时代的特点。这两大段落的划分，在今天看来还是经得起考验的。

秦汉开始，中国建立了大一统的封建政权，高度集中的中央政府管辖着广大分散的农村。政治上要求高度集中，不集中就不能维持国家的统一；经济上却出于小农经济的本性，只能极端分散。政治上的高度集中与经济上的极端分散这一对矛盾贯穿了两千多年。强化集中统一，严格等级制，是中央政府的要求；希望自给自足，不要政府过多干预，使小农生产安居乐业，是自然经济的特点。在朝的强调集中统一，在野的强调分散自由。这一对矛盾直到鸦片战争始（1840 年）才告一段落，此后中国历史进入了近代阶段。

为了更好地协调政治的集中统一和经济的极端分散这一对矛盾，从汉代董仲舒开始，历魏晋、唐、宋、元、明、清，一直在解决这个问题。这一大段（两千多年）恰恰是冯先生《中国哲学史》中所指的“经学时代”。

整个经学时代，学派寿命最长的有两家：以孔孟为旗帜的儒家和以老庄为旗帜的道家。儒家偏重在朝，道家偏重在野。

在朝讲孔孟，在野讲老庄。有时同一个人，做官时讲孔孟，不做官时讲老庄。这两大流派都有广泛的社会基础。朝廷的势力总是大于农民，所以孔子的势力大于老子。《六经》中留下注释最多的是儒家的《周易》，先秦诸子中留下注释最多的是《老子》。冯先生的哲学史叙述的流派中，儒家占的篇幅最多，道家所占的篇幅较少，也是符合历史实际情况的。

自从 1949 年起，中华人民共和国成立，过去没有占重要地位的马克思主义哲学占了主导地位。学术界广大知识分子先后接受了马克思主义的观点和方法。据我所认识的老先生中间，有陈垣、汤用彤、朱光潜、贺麟、郑昕、冯友兰先生。学术界也有不愿放弃旧观点的，如熊十力、梁漱溟、陈寅恪诸先生。不论接受或放弃，他们都是认真考虑后才做出抉择的。这里只说冯先生和他的《中国哲学史新编》。

冯友兰先生的新旧两种哲学史很不一样，两书的差别是显而易见的。这里只想说明新旧哲学史之间的衔接关系，在旧哲学史中已包含着后来新观点的某些重要因素。

历史唯物主义的一个重要观点是发展观点，在旧哲学史中已有充分的表现。历史唯物主义强调社会存在决定社会意识，旧哲学史中在讲到某一时代的新思潮时已充分注意到社会变迁与思想变迁的密切联系。马克思主义哲学有两个突出特点，一个是阶级性，一个是实践性。阶级性是为了广大人民群众（儒家传统说法为关心天下忧乐），实践性是为学不尚空谈理论，这也是中国传统哲学的重点（为生民立命，为万世开太平）。旧哲学不是马克思主义哲学，但旧哲学与新哲学之间可以找到某些衔接点。正如佛教传入中国内地时，东方人不懂得佛教，很自然地把佛教与中国的方术祠祀相比附，认为黄老与浮屠教义“差不多”一样。马克思主义哲学不是排斥过去的旧哲学，而是继承旧哲学中一切有价值的遗产，消化、吸收以后，使它转化成新生哲学的一部分。新哲学有容纳、改铸旧哲学的功能。

冯先生的新旧哲学史是先后衔接的，而不是“尽弃其所学”另起炉灶。

冯先生相信历史是发展的，新中国成立后，这一观点更有所加强。冯先生相信历史是连续的，新中国成立后，这一观念也有所加强。在极左思潮盛行的时期，冯先生曾受到不公正的批判，这些批判并没有动摇他的信念，他相信文化不能中断，新文化只能在旧文化的基础上建立，不能凭空构建。冯先生的哲学史一改再改，这里且不说他的某些章节的是非得失，而要大书特书他热爱优秀传统文化，随时给它注入新血液，排除其中不应保留的东西，使它获得新生命。他对“周虽旧邦，其命维新”的新解释是足以说明他的爱国主义心情的。

冯先生在旧哲学史中曾提出过历史是不断前进的、历史是已存在的事实，它不会错。正因为有这种观点，他到晚年写《中国哲学史新编》时更加尊重历史事实，而反对从概念出发；他讲的一些哲学家和流派，更注重它在当时发生的实际效益，因此对多年来一致歌颂的太平天国的思想提出了自己的看法。正是由于他接受了马克思主义的历史唯物主义的观点，他敢于提出马克思主义中国化是必由之路，割断旧传统，另起炉灶，自以为是与旧传统彻底决裂，看起来很革命，到头来非但没有与旧观念彻底决裂，反倒招引出被打下去的旧社会的沉渣乘机泛起，造成了更为麻烦的倒退。

真正的爱国者要对人类负责，要对历史负责，要有魄力吸收全人类一切有价值的文化。哲学的发展有连续性，哲学史的发展也有连续性。我国第一代哲学史研究者的功绩应受到尊重。

冯友兰先生在新中国成立之后，撰写《中国哲学史新编》，直到生命的最后一息，他不断前进的动力是什么？

冯友兰先生写的中国哲学史，是生长在这块多灾多难的中国大地上的知识分子的产品，特别是儒家关心天下安危及万民忧乐的传统的体现。他在旧著《中国哲学史》开头引用张横渠的“四句教”以见志。在抗战时期，学校避地南岳，冯先生同几位教授游南岳的方广寺。同学的墙报上曾发表了游方广寺的几位老师的诗，冯先生的诗是：“二贤祠里拜朱张”，朱熹与张栻同游南岳方广寺，共同讨论哲学问题，后人纪念两位哲学家的会晤，建有嘉会堂，有匾为“一会千秋”，“一会千秋嘉会堂”。

“公所可游南岳耳，半壁江山太凄凉。”饱受帝国主义侵略之苦的中国人民，对国家的爱慕眷恋之深情，切盼祖国繁荣强大的愿望是外国知识分子所无法理解的。

在1982年，冯先生去美国讲学，参加学术讨论会。会上会下遇到不少关心冯先生的人，有人怀疑冯先生是否在大陆这几十年说话不自由，又受了一些折磨，希望冯先生讲讲他心里的话，在外国人面前诉诉苦；有人觉得冯先生的思想和行为是个谜。照冯先生自己的话说，这个谜并不难解，他是个地道的中国人，他热爱中国，他感到作为新中国的学者有责任、也有义务使自己所学的一切为祖国的新文化建设尽力。冯先生有他坚贞不渝的信念：中国有希望，中国哲学不是书本上的空话，它将继承过去的优秀遗产创造新文化，使中国真正做出现代的成绩。冯先生不愿置身事外，他决心参与这场文化上的历史性大变革。他比一些口头上曾念诵马克思主义词句的人更坚决相信马克思主义要在中国生根，就要中国化。只有马克思主义在中国，并不能保证马克思主义在中国生根、发展，只有建成中国的马克思主义，才能使中国走向现代化。中国的马克思主义政党的产生，第一推动力不同于西方的民主和反剥削，中国共产党的产生是为了寻找救国图存的真理，是要国家富强，摆脱侵略者的奴役。马克思主义之所以在中国取得成功，就在于它使中国站立起来了，使它成为东方的大国，亿万农民的贫困有所缓和。这一点是从旧中国走过来的人，包括像冯先生这样的知识分子亲眼所见的。他们对新中国的爱护之情发自内心。

冯先生在他写的《三松堂自序》中写他几十年间讲授中国哲学史的感受时，说过下面的一段话：

我于 1946 年到 1947 年曾去过美国一次，在各地方讲授中国哲学史。这次再去美国（这次指 1982 年冯先生在夏威夷开朱熹学术会议），后去哥伦比亚接受荣誉学位，觉得心情是与上次完全不同的。原来西方的汉学家们，把中国文化当作一种死的东西来研究，把中国文化当作博物院中陈列的样品。我那时在西方讲中国哲学史，像在博物院中做讲解员。讲来讲去觉得自己也成了博物院中的陈列品了，觉得有自卑感，心里很不舒服。这次我到美国，虽然讲的也是中国的东西，但心情完全不同了，自卑感变成了自豪感，不舒服变成了舒服。中华民族的古老文化虽然已经过去了，但它也是将来中国新文化的一个来源，它不仅是过去的终点，也是将来的起点。将来中国的现代化成功，它将会成为世界上最古老也是最新的国家。这就增强了我的“旧邦新命”的信心。新旧接合这里用新旧“接合”，而不是用“结合”，意思是说，新文化是接着旧文化讲的，不是割断旧文化就能产生新文化的。旧的就有了生命力，就不是博物院中陈列的样品了；新的也就具有了中国自己的民族特色。新旧相续，源远流长，使古老的中华民族文化放出新的光彩。现在我觉得这个展望并不是一种空想、幻想，而是一定要实现的，而且是一定能实现的。①

---

① 《三松堂全集》第 1 卷，第 344 ～ 345 页，河南人民出版社 1985 年版。

冯友兰先生的这种出自爱国的责任感，由此产生的自信心、自豪感，只有在祖国这块土地上才能满足，只有与祖国的命运紧紧连接在一起的人，才有这种真切的情操。他发表这个意见时，他已遭受过“文化大革命”给他带来的痛苦和灾难，“文化大革命”是国家的灾难，知识分子在这次灾难中损失最重，冯先生的遭遇又是许多知识分子所不曾遇到的。这些经历人们记得，冯友兰先生也不会不记得。但是，冯先生把自己作为祖国的一员，把文化事业放在第一位，并不为研究哲学史而懊丧，而为自己研究中国哲学史而自豪，满怀信心地把新中国的文化建设事业（尽管只是其中的一部分）揽在自己身上。

冯先生的《中国哲学史新编》是接着旧编讲的，这两者是两部分却又有密切的联系，新编是旧编的补充。无论新编和旧编，写的都是作者的真知灼见，没有随大流、说空话。《中国哲学史新编》对冯先生来说，可以认为是他把自己的哲学史研究推向了一个新的境界。他用历史唯物主义观点，打破多年来陈陈相因的旧成说，提出自己的创见，保持了一个爱真理、爱科学、爱祖国的知识分子应有的品格。《中国哲学史新编》提出的这类学术问题，无疑将对今后中国哲学史研究起着启发、借鉴作用。

《中国哲学史新编》定稿于“文化大革命”以后，思想更加成熟，文风更加洗练，冯先生以简驭繁的优点更加突出，这部七卷本的著作将与旧编并列，必享有长久的学术生命，成为哲学史界的宝贵遗产。

原载于《回忆冯友兰先生纪念文集》，

北京大学出版社，1993 年版。

刘文典先生

刘文典，字叔雅，安徽人。清华大学教授，早年加入同盟会，在日本东京与孙中山相识，又是章太炎的学生，他的治学路数与章太炎不同，没有走文学训诂的道路。我最先读他的书是《淮南鸿烈集解》和《庄子补正》。陈寅恪为此书作序，说不但可以补前人注解的缺失，还可以恢复《庄子》旧貌。我读过刘先生的书，觉得陈先生的称赞未免过头了。

抗日战争时期，后方物价飞涨、民不聊生，工薪收入者日子过得十分拮据。闻一多靠治印（刻图章），联大教授在中学教书，借以贴补家用的大有人在。刘先生的文名早为滇人熟知，在昆明期间，滇省富绅多以请他撰写碑铭、墓志为荣。润笔丰厚，远过教中学，对经济困难的刘先生不失为一种经济生活的重要补充。

我旁听过刘先生讲《庄子》《文选》。刘先生上课时，香烟一支接一支，手指熏成黄褐色，衔着香烟说话很难听得清楚。先生有一爱子五六岁，上课时跟他同来同去。有时正讲到精彩处，小孩子跑到教室外面捉蝴蝶，刘先生一眼瞥见，不免喊一声“快回来”。如果把刘先生的课一字不漏地记下来，凭空插入这三个字，就无法理解，因为出现得太突兀。

刘先生不修边幅，头发散乱，一件长衫总是皱皱巴巴。他为人直率、纯真，具有庄子的洒脱。有一次在雨中，刘先生一个人打着伞慢慢走着，长衫后襟湿透，鞋子沾满泥水。同学黄钺指点说，刘先生像庄子“曳尾于涂中”。

昆明气候温和，号称“四季无寒暑，一雨变成秋”。虽说四季如春，冬季还是比较冷。一般健康人有一件毛衣或一件皮夹克，即可应付一年，刘文典、陈寅恪两位冬天要穿皮长袍。陈先生和我们研究生同住一所小楼，冬天怕风，窗户缝隙用纸糊得严严的，不准透风。一天，刘先生访问陈，两人互争谁的身体更差，相持不下。刘先生说，我穿了两件皮袍子，可见我的身体更差，自得之色溢于眉宇间。陈寅恪不再争，服输了。

刘先生欣赏称赞南北朝时已提出的关于"诗"的定义，他在黑板上写了"诗缘情而绮靡"，认为超过后人的任何定义。他还讲，文学作品贵在以正写反、以实衬虚，用华丽的词藻写荒凉，以欢快的词藻写悲哀。杜甫《秋兴》八首中就用了这种方法，十分成功。讲晚唐温李诗时，咏牡丹，不用那些常用的香艳纷华字样，把牡丹的神态写活了，非一等手笔办不到。

他还讲，中国古典文学经常利用汉字象形的特点，引发读者的想象，从而增强了读者的想象力。《海赋》中用"髣髴"二字（而不用"仿佛"），好像海怪蓬头乱发在水中出没，可以增加大海的神秘气势。

刘先生平时对学生、对同事，礼貌待人，彬彬有礼。他看到他不喜欢的人，也真是当面让人家下不了台。抗日战争初期，中国空军力量小，日本军用飞机经常到昆明轰炸、骚扰。联大北墙外是大片荒山、坟地，听到警报声，师生到校外后山隐蔽。有一次刘先生躲警报，在后山遇到他平时很不喜欢的一位先生，他当面指责他："我躲飞机是为了保存中国文化，你怎么也来躲飞机？"那一位先生很有涵养，对刘先生也很尊重，没有和他争辩，换了一个地方，离得他远远的。魏晋时，阮籍用青白眼对待不同的客人，刘先生在这一点上有点近似。

刘文典先生经常讲文学造诣与人格修养不可分，为人与为文是一回事。他驳斥周作人的主张。周作人说，读者读作家的作品，并不必了解作者是什么人。比如吃包子，只要包子做得好吃，不管制作包子的厨师是否强奸过他嫂子。（周作人的这段话，我不详其出处，刘文典确是对同学这样讲的。）刘先生接着说，“文学作品是高级精神产品，不同于制作包子。一个强奸过他嫂子的人能做出‘采菊东篱下，悠然见南山’的诗来吗？”

刘先生魏晋风度太多了、太任性了，联大结束迁回北京的那一年（1946 年），他应云南绅士的邀请，去滇西一个县里为人撰写墓志，对方盛情挽留，请他游山玩水以助文思，一住四个星期。学校对他不按规定上课、长期请假缺课，提出了批评。三校迁回北平时，他没有随同大家北返，而留在云南，应聘为云南大学教授。云南大学能请到刘先生，喜出望外，求之不得。从此，我再未见到刘先生。

刘先生精考订，哲学、文学修养也很高。他曾赴云南西部滇缅战线慰劳前线将士。刘先生回来，在课堂上说起在宋希濂军部，即席赋诗祝捷，他吟诵了其中的两首。他习惯于叼着香烟讲话，有些字句听不清，有句云：

春风绝塞吹芳草，

落日荒城照大旗。

海外忽传收澳北，

天兵已报过泸西。

刘先生讲，杜甫有“落日照大旗”之句，这里古典今用，写出了军营气势。他得意地念了两遍，所以记住了。

原载于《念旧企新：任继愈自述》，

人民日报出版社，2011 年版。

我钦敬的陈岱孙先生

抗日战争前，北平市有五所大学（其他高等学校，如工学院、医学院、女子文理学院、法商学院等都属于专科学院，不称大学），即北大、清华、燕京、辅仁、北京师大。其中，北大、清华两校地位相当，性质相近，都是国立多学科的综合性大学，清华比北大多了一个工学院，历史较短；北大历史较长，文科师生人数较多，两校师资多为国内一流学者，这两校的关系较亲密。我在北大哲学系读书，清华大学金岳霖、闻一多、张申府先生都在北大兼课。哲学系与经济系少交往，陈岱孙先生没有在北大兼过课。

抗战开始，北平沦陷，在长沙成立临时大学，半年后，临时大学迁往云南昆明，成立西南联合大学。临时大学的第一年，昆明的校舍未建成，文法学院在云南蒙自县，借用蒙自海关旧址上课。租用歇业的一家法国洋行作为单身教师及学生的宿舍。我们有较多的机会看到久已闻名、未得谋面的老师们的生活片段。

在学校网球场上，有四位教授的身影经常出现。这四位是金岳霖、陈岱孙、赵乃博、浦薛凤。陈先生风度翩翩，赵乃博先生穿中式短裤褂。他们的球艺很娴熟，特别是陈先生打网球，频频上网拦击制胜，引人注目。在蒙自半年，昆明新校舍建成，文法学院同在新校区域上课。

我未读经济系，听到经济系老同学传来的一些陈先生的轶闻，引起人们的兴趣。

一、讲课条理清晰，时间掌握准确，为全校第一。上课前一两分钟陈先生已站在黑板前（西南联大新校舍没有讲台），上课铃响，他开始讲课。这一点，别的老师认真去做不难办到，难得的是陈先生讲完最后一句话，恰恰是一定段落，下课铃也响起来。同学们对他的讲课艺术既惊叹又欣赏，这一点是任何老师无法比得上的。陈先生讲课并不念讲稿，听课者只要手头勤快，记下笔记，这一节课就是完整的一章一节教科书的一部分。这种出口成章的才能，西南联大教授中只有两位，一位是陈先生，另一位是冯友兰先生。

陈先生讲课认真，以身作则，给同学做出榜样，同学们听课从未敢迟到。个别同学去迟了，不好意思进教室，就站在教室窗外听讲。好在西南联大的新建校舍有门窗而无玻璃。昆明气候温和，无狂风暴雨，有似热带雨林气候，阵雨过后，雨过天晴也无须玻璃挡风遮雨。站在靠近讲台的一端听讲，比坐在后排还听得清楚，只是没有扶手椅，记笔记不方便。

二、陈先生还兼任经济系主任，经济系是大系，每个年级有一百多人。学年开始，选课同学拥挤在他办公桌前，他能不假思索地处理每位同学所选的课，有重修的、有复学的、有需补修课的。陈先生都毫无差错地处理得妥妥当当，几乎不到一分钟就在一张选课单上签了名，从未发现差错。（选课单系主任当面看过，签字后，才能交教务处正式登记。）在规定时限内，可以加选，也可以退选某门课程。陈先生执行起来十分认真。有一位同学，过了学校规定选课时限，来要求加选课程，抱着侥幸心理，企图碰碰运气，写了一个申请，说了一些延误的理由。陈先生看过他的申请，一言未发，把信推在旁边，接过下面另一位同学的选课单。这位同学看到碰运气没有指望，也一言未发，悄然退出。陈先生办事一丝不苟的精神在同学中享有很高的威望。讲这件故事是一位西南联大的老同学任继亮，今年已八十多岁，记忆犹新。

三、陈先生在经济系开过《财政学》课程，有一次学年考试，考题是“假如我是财政部长”。这个题目等于对《财政学》的全面测试，不光考记诵，还要考联系实际的措施。可以想见陈先生教学的学风，很注意理论联系实际（闻自西南联大经济系黄）。

新中国成立后，1952 年，全国进行院系调整，原清华的文法学院大部分师生并入北大陈先生调到北大经济系。全国上下一面倒地学习苏联，全盘接受苏联的大学教材。认为西方资本主义的经济学一无是处，对西方学者的经济学避之唯恐不及，对西方的学说故意置之不理。中国自我封闭了近二十年，形成了人才断层。“四人帮”清除后，拨乱反正，西方资本主义各种流派大量涌来，学术界有一批趋时者刮起不讲马克思主义、唯西是从的风。

陈先生不愧为一代宗师。他通晓西方，对苏联的经济学也有长期深入的理解。在极左思潮时期，陈先生没有公开发表评论苏联经济学的机会，但是他对马克思主义有深刻的了解，他对西方资本主义经济学也有过系统研究。以他毕生的精力，辅以深邃的学识，加上他多年的学术积累，虽然年事已高，但在十年内仍然发表了著作《从古典学派到马克思》，主编了《政治经济学史》，还参加了许多政治活动、学术活动。《庄子》说："水之积也不厚，则其负大舟也无力。"他的学术活动、学术著作，绝非十年之内从头起步可以完成的，这是他多年蕴藏的能量爆发出来的硕果。

在极左思潮时期，学术问题不能讲透，政治棍子动辄到处飞舞。一些学者仗义执言，如马寅初、孙冶方，遭到意外横祸；有些"识时务者"，随风篷转，不顾事实，昧着科学良心；有的甚至落井下石，以牟个人的富贵。陈先生屹立不摇，保持二十年的沉默。陈先生写文章、发表著作和他不写文章、不发表著作，都彰显出爱国知识分子的人格风范。

陈先生一丝不苟的认真精神，表现在治学方面，也表现在为人处世方面。他的门生弟子遍及海内外，有声名显赫的，有学术卓越的、有在职的、有退休的，也有出于各种机遇默默无闻的。凡是来请教、送文章请提意见的，都受到春风般平等的接待，虚而往，实而归。学识渊博如陈先生，比一般专家更懂得科学的严肃性和治学的艰难。他常对来访者说："这个问题我没有研究过。”“这个问题我不懂。”其实，即使是他自称“不懂”的某些领域，也比自以为“懂了”的人懂得还多，真正实事求是的学者都能从中受益。

改革开放以来，商品经济活跃，市场上出现一些假冒伪劣产品，文化教育界也出现了某些伪劣的专家教授。再加上“文革”之后，文化教育这个重灾区元气大伤，大学里能正确无误地传授知识的教师已经算上乘。学识渊博、贯通古今中外的大师已十分难得；品重士林，行不言之教，影响深远，为同行钦仰，陈先生是我所认识的少数前辈学者之一。

从陈先生一生言行中，可以看到多灾多难的 20 世纪中国知识分子的爱国主义精神和中华民族雍容宽厚、博大深沉的民族性格。

原载于《岱岳长青：陈岱孙纪念文集》，

北京大学出版社，2012 年增补版。

钱穆先生

钱穆先生，字宾四，江苏无锡人。我大学一年级时听他讲中国通史，这是文科、法科的共同必修课，听讲者甚众，在二院大礼堂上课，座无虚席，初听时不大适应他的无锡口音，听了几次习惯了，很感兴趣。

钱先生讲课生气活泼，感情充沛，声音洪亮，听者忘倦。

他善于利用地下考古材料，结合文献，开头讲上古殷商史，利用王国维甲骨文的研究成果，内容显得十分充实而有说服力。

钱先生还开过“近三百年学术史”课，是历史系高年级选修课。清代学术界汉学、文字考据学占主流，钱先生讲清代思想，虽涉及汉学，并未纠缠于当时的考订、训诂。他讲顾炎武，很推重他的《天下郡国利病书》；讲颜习斋，肯定颜氏的重实行、反空谈精神，却又指出颜氏太重狭隘实践而轻视理论，也有弊病，与胡适一味推重颜习斋的观点不同。

钱先生在北大历史系教授中，他是唯一没有出国留学的教授，在当时崇洋的情况下，也遇到一些小的不愉快。有一年，系主任陈受颐休假，有人提议系主任是否由钱先生接替。胡适（当时任文学院长）说："钱先生刚来北大时是副教授，现在已是教授了。"没有往下说，这个建议就搁浅了。这是历史系高年级同学传闻之说，可能有据。

钱先生在西南联大时，讲课喜欢讲中西文化的异同，对中国文化情有独钟。当时，姚从吾先生对他说："讲中西文化的异同，最好听听莱茵河畔教堂的钟声，这里有西方文化的精神。"钱先生没有听过莱茵河畔教堂的钟声，所以似乎没有资格奢谈东西方文化比较。姚从吾的话是我亲耳听到的。

钱先生治学勤奋，搜集资料十分认真。30 年代没有影印设备，只能用手抄录。钱先生家里用了三个毛笔字写得好的书手，给他抄写。钱先生有天赋，又勤奋好学，令人钦佩。

钱先生通史学年出题目也新颖。有一道题只有六个字，拟旨"批红""判事""封驳"，意在考查学生对唐的政治制度及其机制的掌握情况。考试下来，同学张锡纶（现已离休）对我说："试题出得真棒。"

七七事变后，钱先生与同学们一齐到了湖南长沙，又转到南岳衡山脚下。前方抗战，同学们难以安下心来读书，都要到前方参加第一线工作。记得有一次欢送离校到前方的同学会上，有一位同学讲："我渺渺茫茫地来到学校，我又渺渺茫茫地离开了学校。"钱穆先生针对这位要离开的同学的发言说："我们这个时代非同寻常，每一位关心国家兴亡的人士，都要有清楚明确的目的，万万不可渺渺茫茫。前面有艰难的前程等待大家去开拓……"

学校迁到云南，文法学院设在云南蒙自县，租用了一个快倒闭的法商洋行（哥鲁士洋行），又租了蒙自海关的一部分房子，安顿下来。钱穆先生继续整理他的"中国通史讲义"，后来在商务印书馆出版，书名为《国史大纲》，扉页上写着"谨以此书献给前线百万将士"，钱先生爱国主义的精神跃然纸上。

钱先生在蒙自与哲学系的沈有鼎同住一室，沈有鼎为人古怪。抗战时期，国民党靠大量发行纸币维持行政及一切开支。每月发工资，都是新印的纸币。沈有鼎每月把工资码放整齐，放在一个旧皮箱内，上课、散步从不离手，每天晚上数一遍，以此自娱。有一天检点钞票，发现少了一摞，他怀疑钱先生拿了他的钱，就问钱先生。钱先生平时待人和气、彬彬有礼，对沈有鼎的无礼质问，不仅大怒，还要打沈有鼎的耳光。这件趣事在蒙自流传颇广。贺麟先生向我转告这件事时，我觉得沈有鼎真是个怪人。

联大文学院迁回昆明，因一时没有教授宿舍，一部分教师住在昆明以南 100 多里的宜良县，汤用彤先生、钱穆先生都租住宜良岩泉寺，下寺是和尚主持，上寺为道士主持。他们先住在下寺，和尚吃素，承包房客伙食，房客可以吃荤。有时钱先生买一只鸡煨汤，办伙食的和尚不吃肉，却喜欢偷喝鸡汤。后来从下寺搬到上寺，跟道士搭伙。道士不吃素，好吸鸦片，有一定的文化素养，相处融洽，直到在昆明市找到住房，他们才离开宜良岩泉寺。

1946 年，西南联大结束，三校各自回到原来校址。我将回北大。从重庆经成都转西安，回家探望老父。汤先生嘱托，过成都时看望他的两位老朋友，一位是吴宓先生，一位是钱穆先生。吴先生在齐鲁大学，钱先生在华西大学。钱先生住的地方比吴先生的好得多。钱先生知道我未到过成都，告诉我可以游游青城山、灌口，峨眉山、乐山比较远，且不是一个方向，如急于回西安就来不及了。还指点我每处花多少时间，途中费用也大致说了说。

我虽然多年听钱先生的课，过去有过接触，也多属于问问学问，这次见面只谈了生活方面的琐事，娓娓而谈，亲切如家人，对钱先生的为人更增加了一层理解，如坐春风中。

原载于《念旧企新：任继愈自述》，

人民日报出版社，2011 年版。

一代大师，因小见大

我在北大读书时，没有听过罗莘田先生讲课。抗战时期，我报考了北京大学文科研究所第一批研究生，那是 1939 年。北大研究生考试前先送交论文，论文通过后，才能报名。笔试后，还要参加口试，考试委员中有罗先生，这是第一次与罗先生见面。毕业时，答辩委员中也有罗先生，罗先生参与了我读研究生的全过程。我算是一个及门弟子，只是未曾入室。

一、密切的师生关系

当时文科研究所的导师，有陈寅恪、向达、姚从吾、郑天挺、罗常培、罗膺、杨振声、汤用彤、贺麟。

师生们共同租用了一幢三层楼的宿舍，在昆明靛花巷3号。师生们同灶吃饭，分在两个餐厅，因为房间小，一间屋摆不开两张饭桌。

师生天天见面，朝夕相处。郑天挺担任文科研究所的副所长（正所长是傅斯年先生，后来兼任“中央研究院”总干事，常驻重庆）。罗莘田先生戏称，我们过着古代书院的生活，郑先生是书院的“山长”。当时同学周法高是罗先生的研究生，周戏编了一副对联：

郑所长，副所长，傅所长，正所长，正副所长；
甄宝玉，假宝玉，贾宝玉，真宝玉，真假宝玉。

对仗不大工稳，在同学中流传，后来传到罗先生耳中，把周法高叫来，要他把心思用在正道上，不要逞歪才。

二、课余的学术报告

西南联大的学术空气很浓，课外、晚间的学术讲演，百家争鸣。文科研究所罗先生组织的讲演，我记得有：汤用彤先生讲“言意之辨”；向达先生讲“唐代俗讲考”；冯友兰先生讲“禅宗思想方法”；贺麟先生讲“知行合一新论”；化工系教授陈国符先生讲“道藏源流考”。这些讲演有的收入论文集，有的拓展成专著。陈寅恪先生每天九时入寝，不外出，从未参加过学术讲演。这些不同学科的讲演，罗先生都有兴趣。罗先生四十多岁，却不会世故，同大家在返回靛花巷的途中，有时也参加同学们的评论，有青年人的兴致。

三、生动活泼的课外生活

靛花巷导师中，好静的多。罗先生性格活泼开朗，组织“昆曲社”，以中文系青年教师为主，经常参加的骨干有浦江清、沈有鼎，生物系的崔芝兰教授，还有云南大学中文系的青年教师，罗先生也是常客。在罗先生影响下，我也去听过几次昆曲清唱，居然坐满一间小教室。我还和罗先生共同看过联大中文系师生演的话剧《风雪夜归人》，男女两位主角都出自中文系。罗先生发动中文系专攻古音韵学的讲师用唐韵读唐诗，与近代读法很不一样，使人耳目一新、大开眼界。还和姚从吾先生、罗先生听过中央大学黎东方教授讲三国历史，回来的路上罗先生评论说：“这是另外的学派，可听而不可学。”

四、安贫乐学

写联大的历史，经常提到联大师生面临物价飞涨的局面，不得不在校外兼职，以贴补生活，这是实情。却也有一些教授靠那点固定的收入，不兼职，专心做学问。据我所知，文科研究所的导师，没有一个在校外兼职的。有时收到一笔稿费，罗先生总忘不了邀几位同学一同到附近北方人开的小馆子吃一顿北方饭，中文系以外，罗先生忘不了也邀我参加。

五、热心助人

学生毕业后，初次教书，心里不踏实，罗先生就告诉学生不要胆怯。说他自己刚毕业到外地（西安）教书，主要依靠钱玄同先生的讲义，再逐渐补充，教到第二遍时补充自己的材料，逐渐充实，教学内容有所提高，自己信心也增强了。学生们有什么困难，或者请他介绍工作，他总是热心帮助、从不推辞。有一次四川某大学请马学良去做教授，许以副教授，马不去。

罗先生知道了，对马学良大加称赞，说研究少数民族语言，不能离开了云南这块宝地，坚持下去必有大的成就。罗先生对他的弟子中，到结婚年龄尚未成家的，他也关心，愿意做媒。他说我将要刻一方图章——“百梅馆主”，以纪念做媒的成绩。据我所知，经罗先生介绍的，虽未达到一百对，的确也组成了好几对新的家庭。

六、仗义执言

罗先生性格开朗，看不惯的事，认为是不合理的，他就直言不讳地批评。抗战时期，由于物价上涨，工资不变，文教人员难以维持生活。当时教育部规定，除固定的工资另外增加“米贴”，按人口多少给以补助。这一办法，缓和了一部分工资低、家庭负担重的职工的困难。中文系一位教授填表时，子女栏目内填了七八个子女的名字，备注中说明“前妻所生”。罗先生对这位教授很看不起，说，平日断绝与前妻子女来往，发米贴时才想起前妻所生来。

七、罗先生的住室

抗战时期，西南联大师生都很艰苦，有一间宽大的住室，就很不错了。

罗先生住室正中墙上高处挂一镜框，照片上写着“恬厂四十自造像”。下边挂着两幅字，一幅是叶恭绰写的大字行书，豪放、有气势，而内容一般，抄自成语，事隔多年，没有印象。另一幅是沈尹默写的条幅，是沈氏自己的诗。沈的诗比他的字要好些，我记得有：“年来容我且徐徐，小病深思亦启予。竖起脊梁绝倾欹，放开腹笥着空虚。”“腊梅枝头雪未消，东风吹雪绽山桃，北人莫道春常晚，为此春情岂易遭。”

字画旁边有个面盆架，有时浸泡着衬衫、袜子。罗先生利用读书余暇，自己洗衣服。有时罗先生正洗衣服，学生来了，帮着拿到室外去晾晒，回来再继续谈学问。

八、读音要准确

有一次，有人谈到唐代医学家孙思邈，罗先生说，现在很多人都念错了，念孙思秒（miǎo），应当读孙思莫（mò）。还说起唱歌、唱戏，不能念倒（dǎo）了字。抗战时期流行广泛的《松花江上》，“我的家在东北松花江上……九一八，九一八”，这两个“九一八”都念成“揪尾巴”了。他又说，有修养的演员，即使天赋好，念倒了字，也会使他的艺术减色。

九、《临川音系》

罗先生的《临川音系》《厦门音系》是他早年成名之作。我对罗先生涉及的领域未入门，不敢赞一词。但从罗先生对中国方言的研究，给我以启发，方言是地区性的语言，一个地区的山川、水土、文物、风俗，自成体系，越是古代，地区的特点越明显。

由此我想到，文化、文学也和方言一样，也不能没有地区性。中国地域辽阔，风俗及传统文化，东部、西部有很大差异。同为明末清初人，浙东的黄宗羲、湖南的王夫之的思想很不同。地区文化对他们的影响不能忽略，离开地区性，不能把黄、王二人的思想讲清楚。

十、不服输的性格

罗先生所治的语言学，沿袭清代朴学传统，把这一学科归到中文系。实际上，近代语言学这一学科更需外国语文的基础。西方语言基础不深不厚，就难以超过乾嘉诸大家，有所前进。中国语言学界的开拓者，人们公认三位大师（李方桂、赵元任、罗常培），李、赵二位都在青年时期在西方学习过，接受过西方近代科学训练。唯有罗先生，未出国门一步，也达到一流水平，成为现代语言学奠基人之一，他要比别人付出更多辛劳，这是不言而喻的。罗先生没有在美国当学生，却在美国做了教授，而且成了一位卓越的教授。罗先生的勤奋好学，给他的学生们树立了榜样，这种精神启发了不少学生。

在靛花巷文科研究所，有三位先生，汤用彤、郑天挺、罗常培这三位导师熄灯最迟，都在十二时以后，导师如此，学生也不敢懈怠，也算导师们言传以外的身教吧。

十一、庆双寿

旧社会，夫妻二人同年生的，遇到过生日，两人合并举行一次庆寿家宴。亲朋好友也前来祝贺，热闹一天。罗先生与郑天挺先生恰好同年同月同日生，只是时辰不同。罗先生曾对人戏称："我的八字和郑先生的差两个字，所以命中注定做不了总务长。"(郑先生当时任西南联大历史系教授，兼作总务主任)中文系章廷谦教授，字矛尘，五四时期老北大的学生，鲁迅文章中称为"一撮毛哥哥"的。此人善交际，爱起哄，每年快到罗先生生日时，他到处喧嚷："罗、郑两位过双寿，要请客，请大家别忘了参加。"罗、郑两位对这种起哄式的被迫请客很反感。有一次，罗先生在院子里发话说："明年过生日，谁都可以请，就是不请章矛尘。"章廷谦倒不在乎，不请他也会到场的。

十二、建所逸闻

新中国成立后，胡乔木到东厂胡同几次找罗先生，提到国家加强语言研究，要成立研究机构，希望罗先生主持工作，提出建所方案。最初未允，后来罗先生对他的学生说，新中国要建语言所，这是件大事。当前，李方桂、赵元任都不在国内，我不能再推辞了。提出建所方案，对罗先生来说不难。他胸有成竹，很快拿出方案。当时不知是谁给罗先生出了一个主意说，现在要学习苏联经验，苏联正流行马尔语言学派，应把学习马尔学派放在第一条。后来知道马尔学派主张语言有阶级性，是错的，在苏联已遭到批判，随即把第一条删去了。因为这一条是作为标签贴上的，第一条以下都是罗先生和同事们仔细推敲、论证后写定的，第一条拿掉，丝毫不影响原来章程的完整性。

原载于《语文建设》1999 年第 5 期，
题为《北大文科研究所师生生活
杂忆——纪念罗莘田先生诞辰 100 周年》。

郑昕先生

郑昕先生，字承璧，安徽庐江人，早年在天津读南开中学，听过熊十力先生的课。后来他没有在国内上大学，一个人到欧洲德国读哲学。他在国外读书以兴趣为主，没有取得学位，有点像陈寅恪先生。

我上北大第一年，必修课有逻辑学。郑先生是我逻辑学的启蒙老师。

郑先生不善于讲课，讲课时不是面向学生，经常侧面对着窗外讲。在黑板上写字时，背过身去。刚上课时，面对学生一堂课，侧影对着学生的时候多。后来听高年级同学说，郑先生有了改进，他们初次听郑先生讲课，郑先生总是面对黑板、背对学生。

郑先生讲康德哲学选修课，他不善于言说，我的关于康德哲学系统的知识是自己看书得到的。郑先生毕竟是研究康德的专家，当我们看书遇到疑难、向他提出问题时，他能精辟地讲解，把我们疑难的地方讲透。郑先生没有架子，很能理解同学们的思想。“九一八”事变后日军占据东北三省，北平成了边城，同学们举行游行、罢课，郑先生对我们的爱国行动很同情。

学校迁到南岳，郑先生同冯友兰同住一室。冯先生天天写他的《新理学》，每天一定写若干字，从不拖欠。郑先生对我说，冯先生简直是一部写书的机器，真不可及。

与郑昕先生接触较多，是在抗战后期，郑昕先生搬到青云街靛花巷 3 号，原来的北大文科研究所的单身宿舍。国民党抗战越来越不积极，中日战场处在相持阶段，国民党上层腐败透顶，已失尽人心，郑先生对政局大发牢骚。他桌上有一部《花间集》，还有《庄子》。他在联大开的课还是“康德哲学”，但他的兴趣好像不在这里，更关心时局。

我在教课之余，跟游国恩、罗庸两位先生学写旧诗。这时朱自清先生也写旧诗。朱先生说，新诗有它旺盛的生命力，旧诗的长处是含蓄，又加上汉字一字多义，作者有感情要抒发，但又不愿讲得太显露无余，旧诗正好满足作者的这种心态。写诗动机主要为作者，而不是为读者。朱自清先生的这种见解，当时我也有同感。住在靛花巷的还有罗常培先生，是音韵学家，他借给我一本讲诗律的书。有时把写成的诗拿给郑先生看，共同评议一阵，随手扔去，过后也就忘了。

郑先生在新中国成立后，积极提倡马克思主义哲学，与艾思奇同志负责筹建“中国新哲学会”，担任副会长，团结了广大旧大学哲学界人士，推动哲学的发展功不可没。1952 年，全国高等院校进行了一次大的调整，金岳霖先生担任北大哲学系主任，后调到哲学研究所任副所长（正所长是潘梓年同志），北大哲学系主任由郑昕先生继任。

郑先生嗜烟、嗜酒，后来因胃癌不幸早逝。

郑先生从事高度思辨之学，性格却是浪漫主义的，两种品格在郑先生身上形成奇妙的结合。

宋朝王安石是宰相，又是文学家、思想家，他对工农业生产以及女工缝纫也很留意，是典型的中国学者。郑先生完全是西方现代训练出来的专家，只钻研哲学，哲学以外的一概不懂。有一次，他的夫人缝制衣服，请他用面粉打糨糊，郑先生很快做成送来，一点黏性也没有，原来郑先生把藕粉当成面粉了，遭到夫人的一阵埋怨。

郑先生年轻时常骑自行车，以后常年不骑。一天，他借一位同事的自行车出游，昆明市及郊区多丘陵，下坡时越走越快，郑先生忙中有错，忘了用闸，双手及手臂摔伤甚重，郑先生对人说此次出游很痛快。

还有一次，郑先生患斑疹伤寒，是昆明的流行病。我和韩裕文等四个人用帆布床把他从宿舍抬到北门街医院，我第一次体会抬担架的滋味，是一项很吃力的劳动。

日军投降后，北大迁回北京，郑先生生病，我们几个老学生去医院看望他。在正常情况下，对生病的师长也很关心，但是缺少抗战时期那艰苦与共、患难相扶持的亲切感。

郑先生患癌症，逝世于“文化大革命”前，他免遭了一场灾难。如不是患了这种不治之症，他会享有高寿的，他的身体比贺先生、汤先生都健壮。

原载于《念旧企新：任继愈自述》，

人民日报出版社，2011 年版。

西南联大时期的郑天挺先生

郑天挺，字毅生，是明清史专家，他有治学的专长，又有办事的才干。西南联大八年间，他处理那些极琐碎、极不起眼的总务工作，从容不迫，办事公道，博得师生们的信任和称赞。他除了主管西南联大的总务工作外，还兼管北京大学文科研究所的总务工作，他也是文科研究所师生共同尊奉的“山长”（旧式书院的负责人）。

郑先生工作忙，但从未放弃教学工作，他讲授校勘学、明清史，经常在夜间看书、写作。当时在靛花巷这所集体宿舍里，熄灯最迟的有两位，一位是汤用彤先生，一位是郑天挺先生。据我所知，当时大学里有几位学有专长的教授，管了事务，脱离了教学，以后就脱离了学术界。郑天挺先生早年得明清史专家孟森（心史）的真传，由于不断努力、继续攀登，他的国际声望甚至超过了孟森先生，在南开大学创建了明清史的中心。

总务工作十分繁杂、琐碎，经常有些无原则的纠纷，三校联合，人员的成分也复杂，郑先生处之以镇定、公平，不动声色地把事情办了。1945 年，日本投降，西南联大决定结束，三校各自搬回原址。郑先生奉派发回北平筹备恢复北京大学。他临行前，委托我和韩裕文（已故）两人清理他房间的书籍、绘画、文件，该留的留下、该销毁的销毁。我们两人用了好几天的时间，清理他八年来的函件、文件时，才知道他默默无闻地做了大量工作：为学校延揽人才，给同事们平息争端，消除了一些派系之间处于萌芽状态的对立。西南联大的领导层，他们不会把学校领上邪路，特别像梅贻琦先生以办教育为终身事业的学者，光有上层团结，如果教务、总务等职能部门不协调，天天闹人事纠纷，学校也难办好，当时确有搞派系、闹不团结的一些人。如果那些想闹事的人告密、攻讦，闹到重庆教育部，国民党巴不得找个借口，“整顿”联大，派一批学阀党棍来插手，西南联大就要遭殃，民主堡垒也将受到伤害。郑天挺先生善于处理纠纷，协调同事之间的关系，对不利于三校团结的言行不支持、不扩散，使它消弭于无形。这些功劳，郑先生生前从来不曾对人表白过，若不是偶然的机会帮郑先生清理文件，我也无从知道，我尊重郑先生的意志，从未对外讲，但是郑先生的贡献、郑先生的胸怀，值得敬佩。郑先生已作古，若不说一说，也许这些看不见的功绩将永远湮没。

还有几件小事也想提一提。

郑天挺先生与罗常培先生同住在青云街靛花巷 3 号，北大文科研究所集体宿舍，和研究生住在一起，在一个食堂吃饭。他两人同年、同月、同日生，按生辰八字，有六个字相同，罗常培先生开玩笑说："我和郑先生的八字差了两个字，我降生的时辰不好，所以当不了总务长。"当时章廷谦先生每年都宣传郑、罗两人的生日，强迫他俩请客，庆"双寿"。当时大家很穷，日子不好过，花钱请客，出于被迫，每年两人请有关老朋友吃一顿，罗先生对章廷谦先生的起哄颇有烦言，我没有听到郑先生对此发过牢骚。

西南联大学年考试，都由助教事先准备考卷，印制考题，临场监考。有一次助教何鹏毓睡觉睡过了头，醒后发现时间已过，挟起考卷和试题向教室跑去。何住在文林街宿舍，到新校舍至少要十五分钟。何鹏毓生得胖，走得急了些，加上心情紧张，刚跨进教室，就晕了过去。郑先生和班上的同学们把他扶起来，七手八脚抢救，喷凉水、按摩，十来分钟，何苏醒过来。郑先生这才发卷子，开始考试。事后郑先生没有埋怨过何鹏毓。那天我到学校，正碰见这件事。

北大文科研究所第一届研究生周法高原为中央大学中文系毕业，在文科研究所跟罗常培先生研究古音韵学，成绩优异，他后来随中央研究院历史语言研究所去了台湾，前些年被选为院士。他读研究生期间，患小肠疝气，需动手术，要住院，请名医外科专家范秉哲给开刀。抗战时期，物价高昂，住院费用和手术费用都比较贵，旧社会没有公费医疗，医疗费用都由个人负担。住院前如不能先交足费用，则需有人担保。郑天挺先生是研究生的“山长”，做了周法高的担保人。手术很顺利，范大夫医道也高明。周法高生怕住院时间长了，花费太多，他没有等到拆线，私自跑出了医院，自己忍着痛把缝合线拆掉了。病人失踪，医院到处找。这时周法高大约还欠医院一点钱，如果不算拆线的费用，再减去提前出院省下的住院费，欠款也有限。郑天挺知道了这件事，一面批评周法高不应该不守医院规矩、不辞而别，一面也向范秉哲大夫做了解释，了结了这场小小纠葛。范秉哲大夫晚年在北京安居，他一生治疗过上千病人，他也许不记得这个小插曲了。三年前，看到周法高写的一篇回忆大陆读研究生的生活的文章，曾讲到他得过疝气，请一位大夫治好了，但未提他自己拆线和郑天挺先生担保的经过，补叙几句，留作海峡两岸学者佳话。

原载于《念旧企新：任继愈自述》，

人民日报出版社，2011 年版。

回忆郑毅生先生几件事

一、我们尊敬的“山长”

“山长”从来是我国书院的负责人的称号。

1939 年，北京大学在昆明招收文科研究生。北大、清华、南开三校成立西南联合大学，成立的时候，三校各有自己分开以后的打算。北大恢复研究所的招生，先后共招收两届，不到二十人，办学的条件十分艰苦。西南联大的校舍是土坯做墙，稻草做顶，有门窗而无玻璃。有时学生去迟了，或者学生人数多，教室内容纳不下，索性站在门外或窗外听，因为离讲台近，比在教室内坐在后排听得还清楚，只是没有扶手椅，记笔记不大方便，人们还是尽量争取坐在教室里去。文科研究所招收大学毕业生，入校后基本不上课，外语在入学考试时必须通过。当时多用英文为第一外语，没有什么专业课，仍然保持北大过去那种极端自由松散的风气。作息时间也不做任何规定。由于山河破碎，国难当前，心情沉重，大家都有一种学术上的责任感，学风也沉潜笃实。同学们没有人混日子、不钻研的，也没有追求个人物质生活的。郑毅生先生负责我们研究所的全部教务和总务工作。师生们在云南大学附近青云街靛花巷 3 号租了一所楼房，共三层十八间。食堂、图书室都在一起。郑先生当时没有带研究生，而十几个研究生的生活、学习各方面的大小事，都由郑先生操心经管。郑先生是西南联大历史系教授，同时兼西南联大的总务长。总管后勤，既管财务计划，也管教务，工作比较忙，无论怎么忙，他都一直坚持研究和教学。老师们中，天天在 12 点以后才熄灯的只有两位，一位是汤用彤先生，一位是郑毅生先生。老师们窗口的灯光，也激励着学生们的勤奋不息的干劲。

云南昆明和全国后方的城乡一样，物价飞涨，靠固定工资为生的人，生活越来越困难。有不少西南联大的师生在校外兼几门课，以资贴补。靛花巷住的几位老师，郑毅生先生和汤用彤、罗常培、陈寅恪、向达、姚从吾几位先生都以全力从事教学和研究，未在校外兼职。这种风气也给学生们树立了榜样，研究生们也都专心从事学习、心无旁骛。北大文科研究所不大像现代化的大学的研究院，有点像中国的书院，书院的总负责人称山长。罗常培先生戏称郑先生为山长，郑先生是当之无愧的山长。

二、数十年持身清廉

中国旧社会与总务打交道的人，多半受到一些不同程度的感染。郑先生在西南联大主持总务工作九年（日本投降后又过了一年才回到北平），郑先生一尘不染。他一年到头穿一件旧蓝布长衫，自己洗衣服，打扫房间，中年丧偶，未曾续弦。他不但自己以清俭自励，他也从未利用他的职权为自己的亲故友好牟私利。北京大学迁回北京后，他仍然以历史系主任兼任秘书长（即总务长），仍然保持他几十年一贯的情操。国民党面临彻底崩溃的前夜，发行金圆券，物价一天涨几次，郑先生清贫自守如故。他家住西城毛家湾，有不少人到他家谈工作问学业，有时正赶上他吃饭，全家啃窝头。新中国成立后不久，全国举行“三反”“五反”，凡是管总务的都曾作为重点审查对象。北大总务部门也打了不少“老虎”，后来发现“查无实据”的也有不少人。郑先生的朋友都相信他没有问题，却也很关心他，认为总免不了受些牵累，而群众对总揽北大财权多年的郑先生没有提过什么怀疑。这是他几十年清白自持、廉洁奉公博得的信任。

三、由人民的教师到马克思主义者

北平解放前夕，胡适先逃往南京，并不断在南京安排飞机，迎接北平的一些有影响的教授，希望他们乘飞机南逃。当时北京大学一度作为联络中心，胡适临行前还曾委托北京大学原负责安排南逃的教授们的飞机票。但是郑先生接受我中共的指示精神，坚守岗位，安心迎接解放，北大的绝大多数教授在党的影响下没有南逃。当时的一些高级知识分子，虽说不上对共产党有多少了解，但对国民党几十年来的日暮途穷、倒行逆施、毫无希望，是十分清楚的。有一次有事到办公室，正遇上有位清华大学教授和他通电话，问他走不走。郑先生用安详稳定的口气，慢条斯理地说：“不——走。”胡适在南京天天盼北平来的飞机，离开北平最后一架飞机，胡亲自去飞机场迎接，只接到北大一位历史系的教授毛子水。这个人与国民党特务头子戴笠是好朋友，他心虚，仓皇逃走了。

郑先生把北京大学的物资、档案，完整地移交到人民手中，旧北大从此结束，新北大从此开始。郑先生响应了党的号召，从他自己的岗位上尽到了他的责任。

郑先生继承了中国知识分子的优良传统，重实行，不尚空谈，洁身自好，有所不为，继承了中国乾嘉以来朴学实事求是的治学传统，使他有可能比较稳固地接受科学的历史唯物主义治学方法，终于成为一个优秀的马克思主义者。

新中国成立后，郑先生努力学习马列主义、毛泽东思想，并力图运用历史唯物主义观点解释历史。半辈子从事旧史学的教授，改弦更张，不言而喻，要比年轻人付出更大的辛劳，但是郑先生一步一步地、坚实地，也是艰难地走过来了。不但学到了马列主义，而且运用得很好，做出了优异的成绩。他成了一些旧史学者转变为新史学者的光辉榜样。他留传下来的《清史探微》，既有清代朴学者的谨严，又有历史唯物主义的科学见解，有识者都相信这一部书是一本值得流传的学术论著。

郑天挺先生少年时期曾在北京顺天高等学堂读书。这是一所历史悠久、水平较高的中学（该校抗战前称为河北高中，现改为北京东城区教师进修学院，地址在地安门东大街），国内知名之士，据先生回忆，当年梁漱溟先生在丙班，张申府先生在丁班，汤用彤先生在戊班，郑先生与李继侗先生（生物学家）在庚班。这一些零碎史料是郑先生告诉我的，社会上知道的人不多，附记这里，以备参考。

原载于《南开史学》1983 年第 1 期。

闻一多、顾随先生

闻一多先生在北大任兼任讲师。当时规定，教授是专职的，要担任三门课。只讲一两门课的外校教师，不论是什么职称，一律为“兼任讲师”。当时在北大兼任讲师的如林宰平、周叔迦、张申府都是“兼任讲师”。本校由助教晋升一级，称“专任讲师”。

闻一多先生在北大中文系讲《诗经》，我偶然去听过几次课。闻先生口才好，又是诗人，有创作经验，诗人讲《诗经》与训诂学家一字一句的讲法不一样。他讲《葛覃》，下课了，闻先生收拾提包要离开，同学们拥到讲台边，问了许多问题，闻先生一一解答。当同学们问古人注释中两说均可通，哪一种说法更符合《葛覃》原义时，闻先生说诗有诗的特点，不能谨守《毛诗》的说教，“后妃之本”。后一说，写出了葛覃在风中摇曳的姿态，似更可取。提问者满意而去。

1938 年春，长沙临时大学搬迁，组织部分北大、清华、南开三校师生，从湖南长沙步行到昆明。同学有三百余人，教师闻一多先生、李季侗先生也加入这个旅行团。李季侗先生是生物学家，闻先生沿途用铅笔写生多幅，还指导有兴趣的同学沿途采集民间歌谣。后来由南开大学同学刘兆吉整理成册，书名《采风录》。这个集子既是地方民俗的记录，也带有抗战时期的时代特点。闻先生告诉同学们，不要小看民歌，《诗经》就是当年的民歌，收集、保存下来就是文学瑰宝。刘兆吉后来任重庆西南师大教授，还怀念闻一多先生当年的关怀和指导，深悔当年收集得少了，有遗漏。时代在变化，湘、黔、滇三省的乡村情况也在变。事隔多年，再补充已不可能了。

经过长途旅行，亲身经历了中国农村少数民族地区，通过采风懂得“礼失而求诸野”的名言，闻先生后来关于上古民俗、礼制的考据文章，关于古代神话的研究，取得了新的突破，与他的湘、黔、滇步行考察大有关系。

顾随先生在北大讲词曲。他说诗词不同，词在于抒情，而诗可以叙事、抒情，还可以发议论。商务印书馆出版《词选》，附有英文，译为“Lyrical Poem”，译得好，把词的特点说出来了。晏殊词“落花人独立，微雨燕双飞”，是词的抒情语，用作诗句即软弱。顾先生也是一位戏曲家。他说诗从古诗到律诗，格律越来越严，正因为严才更见作者的本事。好比打网球，中间用网子隔开，场内划上界线，不出界又打得好才有看头。什么限制都不要，打起来没有意思，也不会引起人们欣赏的兴趣。曲子格律比诗词更严，除平仄要求外，还要有四声的要求，还要用得自然，不能使读者读了觉得是硬凑数。京剧用词，许多不通，为了合辙押韵，硬凑成韵脚，如“马能行”“地埃尘”，文学意味太少。他举出《西厢记·酬柬》中有“休使俺红娘再来请”，这一句末尾三个字要押“去平上”三声，“再来请”恰是去、平、上三声，可谓天造地设，王实甫实是天才不可及。顾随先生很喜欢京戏，对京剧名演员，称谭鑫培为“叫天”，杨小楼为“小楼”，说到他们的长处如数家珍，有时离开讲课内容十万八千里，重点在于称赞中国京剧是音乐、舞蹈、歌唱的有机结合，是世界的瑰宝。

顾随先生欣赏旧诗词，但不提倡写旧诗词，认为旧诗词词汇与现代新事物相去太远，用来写现代生活很不协调，不伦不类，硬写上有时显得很可笑。他在美国纽约，夜间梦见回家，醒来冒出两句：“梦醒人何处，开眼电灯明。”前一句还像旧诗，后一句纳入旧诗很不自然，但确是实情，改成别的说法，失去当时的真情实感。现代人接触到地名有中国有外国的，洛阳、长安以外，还有巴黎、伦敦，这些入诗还可以，如遇到“斯德哥尔摩”“布伊诺斯艾利斯”等，押韵都困难。旧诗词有它的寿命，不是永久不变的。

原载于《念旧企新：任继愈自述》，
人民日报出版社，2011 年版。

才性超逸，校雠大家

——谈王叔岷

一、一个食堂吃饭的同学

我读北大文科所，作的论文是《理学探源》，理学是宋朝的事，但探源就探到隋唐去了，就涉及佛教，要用《大藏经》。当时文科所在昆明，没有《大藏经》，在李庄的史语所有一部，文科所和史语所都是傅斯年主持，我就随史语所到李庄去待了半年，那个时候王叔岷也在那里。

王叔岷诗中说“栗峰文史集英才”，“栗峰”就是指的李庄，史语所在李庄的栗峰山庄，指板栗坳。李庄是大地名，包括市区及郊区。史语所租用当地官绅的一处庄园，地名板栗坳。板栗坳内部又分别有柴门口、田边上、门官田、桂花院等院落。

那个时候，我们在一个食堂吃饭，几个人一桌，董作宾先生有家属，有时也在大食堂用餐。傅斯年所长兼任中研院总干事（相当于秘书长），代表蔡元培院长执行中研院的行政职务，常住重庆。董作宾是历史组的组长，代傅斯年主持史语所行政职务，包括财务等。

北大文科所在昆明恢复招收研究生，一共招了两届，我是第一届，马学良也是第一届。当时的研究生笔试之外还有口试。陈寅恪是詹锳的主考教师，口试的时候，陈先生提的问题，詹锳回答得很好，但陈先生就接着再提，直到詹锳答不上来。

我们报考时要提交论文，没有论文不能报考。先看论文，论文通过以后再笔试。跟我同一届的周法高，答辩的时间很长。外国人喜欢在会间吃茶点，抗战期间的中国没这条件，就吃点包子吧。周法高很有才，也很放得开，一边吃着包子，一边回答问题。

那时的研究生，有两位导师，一位是本专业的，一位是外专业的。学中国传统学问的，要配一个专攻外国学术的导师，读书也是这样。我的导师一个是汤用彤先生，副导师是贺麟先生，一中一西，两个人都给我指定好多参考书。王叔岷也是两位导师，正导师是傅斯年，副导师是汤用彤。汤用彤在昆明，王叔岷未去过昆明，经常指导他的是傅斯年，史语所的一贯学风对王叔岷的影响更大。当时傅斯年提史料第一，不掌握原始史料，没有发言权。史语所的丁声树没有写过专著，只是发表过几篇“语言文字”的文章，他成了史语所大家公认的出色的专家，新中国成立后成立的语言研究所把丁声树评为一级教授。王叔岷在史语所的学风熏陶下，受到影响，改变了四川大学的中文系学风。

傅斯年招了两个研究生，一个是王叔岷，一个是王利器，都是四川大学的学生，后来一个在内地，一个在台湾，但都成了校雠大家。王叔岷很有才气，吟诗弹琴，琴是连珠式的明代古琴，我听过他弹琴。傅斯年对我说过，王叔岷“有才性”。傅先生说的“才性”，是《世说新语》用的词汇，指有史才、有史识，悟性好，并不是专指“才子气”。

王叔岷受到傅斯年先生的鼓励和爱护，以校勘训诂为基础，博览群书，广集资料，渐入学术之门。其实傅斯年本人就很有才性，他讲到《左传》就背一段《左传》，讲到《国语》就背一段《国语》，也不写到纸上，就这么背下来。梁启超在清华国学院讲课也是这样。在校园里散步，遇到同学问问题，就能背一段出来。要想国学功底扎实，除了要下苦功夫，跟天赋才情也有关系。

二、用金条买书供他专用

那时傅斯年就发现王叔岷是个可造之才，着意培养。抗战期间物价很贵，一部宋本《庄子》的价格要用金条来计算，傅斯年就用金条买了一部《庄子》，专给王叔岷用，用完锁在保险柜里。抗战那么困难，傅斯年那么支持他，真是爱才若渴。

傅斯年说他有“才性”，王叔岷选定的题目为“庄子研究”。庄子既是哲学家，也是文学家，他的两位导师就是不同领域的专家。傅斯年不常在李庄，王叔岷主要靠自学。在李庄史语所的整个学风影响下，他逐渐深入到史料考据，乐此不疲，找到了自己的学术天地，研究《庄子》，先吃透《庄子》这部书。

他的“才性”，某种意义上是悟性，能够发现问题。同样的校，需要你下个判断，判断就看出作者见识的学术功夫的深浅。同样有那么多材料，可是判断的水平不一样，这就是有“才性”跟没有“才性”的区别。王叔岷在史籍校雠之外，写出《庄学管窥》《先秦道法思想讲稿》这样的哲学专著来，就是与他的天赋才情有关。

王叔岷的《庄子校释》刚完成的时候，傅斯年要给他写个序推荐，他不用，这不只是表明他很傲气。北大的学生有独创性，有人说北大的学生是一盘散沙。胡适做北大校长的时候，他说："老虎狮子都是单独作战，只有狼才是一群一群的。"

三、国学是个大概念

现在很多人把《论语》《庄子》叫国学，其实国学很大，文、史、哲都可以叫国学。过去北大的国学门就是包括哲学、历史、中文的。过去的人怎么对待国学？是怎么实践的？不是用概念就能把它定义出来的。

学术仍在向前走，因为文科受到了重视。温家宝总理在上海同济大学时讲话说："没有一流的文科，就没有一流的理科；没有一流的理科，就没有一流的工科。人文学科是基础，人的修养、风度、风格，都是人文学科培养的。关心青年的成长就要培养人文素养，尊重人才。"

傅斯年在李庄的时候遇到向达的儿子和李方桂的儿子打

架，一个五岁，一个八岁。五岁的打不过八岁的，李方桂的夫人就来找向达的夫人，两位夫人争得不可开交。这时候傅斯年经过看到了，对双方赔礼道歉，连说："你们两个消消气，都不要吵了，都怨我。"边说还边作揖。傅斯年处理这事看似"低三下四"，但他是为了尊重李方桂、向达两位专家，让他们安心研究，不为家庭琐事分心。

四、用抗战的精神来读书

在国家多难的情况下，大家在李庄都能静下心来做学问，因为大家都有一种使命感。没有人偷懒，都是拼命在那儿干。当时四川点的是桐油灯，桐油灯的烟是黑的，把鼻孔都熏黑了，第二天早上洗脸，白毛巾一擦是黑的。

抗战开始的时候，一些人去了前方参加抗战，后来发现抗战是长期的，又感到知识欠缺，又回来念书了。北大、清华不少人都是这样的。

西南联大历史系教授钱穆有一句话："我们要用抗战的精神来读书才对得起前方抗战的将士。"

当时的人们从来没有想过中国如果打败可怎么办？联大

师生都坚信日本一定会被我们打败的。1939年，北大、清华开始招收研究生，就是为了胜利后的学校发展做人才储备。“两弹一星”功勋十五个人，有七个人是出自西南联大。

自从跟王叔岷联系上以后，我们每年都互寄贺卡，我还记得有一年我给他寄的贺卡用了王安石的诗“春风又绿江南岸”作为贺词。他在台湾看到有些人热心内耗，不是把心思用在学术上，心情很不舒畅，他回信中说，他在台湾缺少春天到来的心情。我们现在经常有电话联系。

原载于《中华读书报》2007年8月11日。

金岳霖先生

七七事变后，北大、清华、南开三校合并，成立西南联合大学。我在北大毕业后，在西南联大哲学系（当时称“哲学心理系”）教书，有机会旁听金岳霖先生开设的“知识论”课。

金先生讲课，不带书本、不带讲稿，走进课堂只带一支粉笔。这支粉笔，并不使用，经常一堂课黑板上一个字也不写。他夏天穿西装，不系领带；冬天穿棉长袍（昆明冬季相当冷，刘文典、陈寅恪身体弱，都穿皮袍子）。金先生眼睛怕强光，不论冬夏都要戴一顶打网球的运动员戴的遮阳帽。冬天穿棉长袍、戴着遮阳帽，显得很特殊。金先生冬天戴遮阳帽与朱自清先生冬天身穿西装、外披一件昆明赶马的驮夫披的毡斗篷，成为西南联大教授中引人注目的景观。

金先生讲授“知识论”，这门课中国哲学界通常称为“认识论”。金先生说，这门课不应叫作“认识论”，只能叫作“知识论”，人们具有某一个东西一些知识，却不一定认识它。因为认识一个事物备受众多条件的干扰或制约，有主观的，也有客观的。

比如说，事物之间的比例（proportion）就是影响认识的一个因素。假使这个世界所有东西一夜之间都按比例缩小了一半（房子、门窗、桌椅、度量器具、人……），这个变化不能说不大，可是人们对这个已发生巨大变化的世界并不怀疑，认为与平常一样。

金先生又说：“我平时好大（却不喜功），常摆几个大苹果（或西红柿）在桌上。刚摆出时，它们大小差不多，几天后，有的苹果缩小了，苹果A、苹果B、苹果C……之间的差别逐渐明显。因为它们之间的比例拉大了。如果这些苹果同时同步缩小，我们会认为他们没有缩小。可见‘比例’在认识中的作用不能不考虑。比例不过是众多关系中的一种。

“再比如天气冷热，可用温度计测量其绝对数值。但人们对冷热的感受与温度计所表示的并不一致，有时甚至相反。甲说今天冷，乙说今天热，丙说不冷不热。人们判断天气冷热，只能按多数人的感受为准，好像大家有一个共同认可的冷热标准。如果对冷热感受者人数比例刚好一半对一半、究竟以哪一半为准呢？

“认识的对象是死的东西，如桌椅、木、石，哲学家可以说它不过是众多感觉的复合体，不真实，好像言之成理。如果认识的对象不是呆板的死物，而是一个大活人，上述的分析和判断就遇到麻烦了。”

讲课时，金先生指着坐在他对面听讲的同学陈龙章（陈龙章是南开大学哲学系的同学，听说此人现在西北某省工作），并代替陈龙章回答：“你不承认我的存在，我就坐在你面前，你把我怎么办？”一讲到“你把我怎么办”这句话时，金先生把头一摆、胸一挺、脖子一梗，做出不服气的样子。听课的同学都会心地笑了。

金先生又说，人们嗅到某种花香的气味，有人觉得沁人心脾、有人为之头昏脑涨，花香的感受因人而异。香和不香的界限显得不那么清楚，形成气味的还是那个分子、结构，只是认识不尽相同而已。

金先生又说，人们用概念、判断等方法来表达事物的性质的特点，是人的知识，知识可以通过各种媒介、工具表达清楚，传达给另外的人。不论这种过程是复杂还是简单，总归可以讲清楚，我们叫它为知识论。但不能说我们对于面前这个“所与”(given) 已经认识了。不同的观察者对同一事物的认识很不一致，且无法取得一致。金先生说，所谓 thing，实际上是人们对 Thing 的加工，“thingize”。thingize 我这里译为“物物”，东晋僧肇说：“夫言色者，当色即色，岂待色色而后为色哉。”《不真空论》这里的“色色”英译应为 thingize，它是人加给物的物性。

金先生为人平易近人、通情达理，但对哲学问题却严肃认真，一点也不迁就。金先生说，30 年代初，中国哲学会在南京开年会，金先生带着刚到清华大学教书的沈有鼎去参加。金先生深知这个学生一向自由散漫、性情古怪，生怕他在会上乱发言，有意安排他坐在自己的旁边，主要是让沈有鼎听听别人的发言。沈有鼎实在憋不住了，趁金先生不注意猛然站了起来，金先生一把没拉住，沈滔滔不绝地讲了一通感想。大意是说未来的新哲学将是博大的三民主义唯心论的大体系，金先生被这位性情乖张的逻辑学天才搞得啼笑皆非。事过多年，沈有鼎这次讲的什么，自己也忘了。

1950 年，金先生有一次主持艾思奇同志的报告会。艾思奇说，我们讲辩证法，反对形式逻辑，因为形式逻辑是形而上学；我们要与形式逻辑做坚决斗争。讲演结束，金先生以会议主持者的身份总结这次报告。他说，听说艾思奇同志来做报告，我本想和艾思奇同志斗一斗、争一争。听了艾思奇同志的报告，整篇报告我完全赞同，他的话句句符合形式逻辑，我就用不着斗，也用不着争了。

原载于《任继愈学术文化随笔》，

中国青年出版社，1996 年版。

忆金岳霖先生的一堂教学和两则逸事

七七事变后，北大、清华、南开三校合并，成立西南联合大学。我在北大毕业后，在西南联合大学哲学系教书，有机会旁听金先生开设的“知识论”课。

金先生讲课，不带书本，不带讲稿，走进课堂只带一支粉笔，这支粉笔并不使用，经常一堂课讲下来一个字也不写，他夏天穿西装，不系领带，冬天穿棉袍。昆明号称“四季如一春”，实际冬天是相当冷的，陈寅恪、刘文典两位先生都穿皮袍。金先生眼睛怕强光，不论冬夏，都戴一顶网球运动员戴的遮阳帽。冬天戴着遮阳帽，显得很特殊，金先生冬天戴遮阳帽与朱自清先生冬天穿西装外披一件昆明赶马的驮夫披的白色斗篷，成为西南联大教授中引人注目的景观。

金先生讲授知识论课程，有的学校称为“认识论”。金先生说，这门课只能叫“知识论”，不应叫“认识论”。人们对某种事物可以有一定的知识，却不一定认识它，因为认识一个事物要受众多条件的影响和制约，有主观方面的，也有客观方面的。

比如说，事物之间的比例（proportion）就是影响认识的一个因素。假使世界上所有东西一夜之间都按比例缩小了一半（房子、门窗、桌、椅、人……）这个变化不能说不大，可是人们对已发生变化的这个世界并未察觉，认为和平常一样，认为没有变化。

金先生又说，“我平时好大，却不喜功”，常摆几个大的苹果在桌上。刚摆出时，它们大小差不多，几天后，有的苹果缩小了，苹果 A、苹果 B、苹果 C……之间差别逐渐显出来，因为它们之间的比例拉大了。如果这些苹果同时同步缩小，我会认为它没有缩小，可见“比例”在人类认识中的作用不能不考虑，比例不过是众多关系中的一种。

再比如天气的冷热，可以用温度计测出其绝对值，但人们对冷热的感受与温度计显示的数值并不一致，有时甚至相反，甲说今天冷，乙说今天热，丙说不冷不热。人们叙述天气的冷热，只能按多数人的感受为准。好像大家有一个共同认同的冷热标准。如果对冷热感受者人数比例刚好一半对一半，究竟以哪一半为准呢？

金先生又说，人们嗅到某种花香的气味，有人觉得沁人心脾，有人为之头昏脑涨，感受因人而异。形成气味的还是那个化学分子结构，香和不香的感受因人而异，认识不尽相同。

金先生又说，对于桌、椅、木、石等死的东西，哲学家可以通过分析，论证其不真实，认为不过是众多感觉的复合体，好像言之成理。如果认识的对象不是呆板的死物（桌、椅、木、石等）而是一个大活人，哲学家做出上述的分析和判断就会遇到麻烦。讲到这里，金先生指着坐在他对面听课的同学陈龙章（陈龙章是南开大学哲学系的同学，听说毕业后在西北某省工作，现已退休），并代替陈龙章回答："你不承认我的存在，我就坐在你的面前，你把我怎么办？"讲到"你把我怎么办"这句话时，金先生把头一摆、胸一挺、脖子一梗，做出不服气的样子，听课的同学们都会心地笑了。

金先生总结说，人们用概念、判断等方式表达事物性质的特点，构成人们的知识，知识可以通过各种媒介、工具表达清楚，传达给另外的人。不论这种过程是复杂还是简单，总归可以讲清楚，我们可以说对某事物有知识，关于这种过程的学问叫作“知识论”。但我们只能说有关于某事物的知识，却不能说有关于某事物的认识，因为这个“所与”(given) 对不同观察者的认识很不一致，也无法取得一致。金先生说，所谓“thing”，实际上是人们对它 (thing) 的加工，“thingize”是人加给物的。东晋僧肇的《不真空论》说，“夫言色者，当色即色，岂待色色而后为色哉”，僧肇讲的“色色”，可英译为 thingize。

金先生晚年接受马克思主义哲学并非偶然，有其哲学理论的结合点。

金先生为人通情达理、平易近人，对个人利害得失，从不放在心上；对学术问题却严肃认真，半点也不迁就。听金先生讲过，30 年代初，中国哲学会在南京举行一次年会，有学术报告，也有讨论。金先生带着年轻的沈有鼎去开会。金先生深知沈有鼎这个学生自由散漫、性情古怪，生怕他在会上乱发言，有意安排他坐在自己旁边。沈有鼎有好几次想站起来发言，都被金先生按下，制止了。沈有鼎实在憋不住了，趁金先生不注意，猛然站起来，金先生一把没拉住，结果沈有鼎滔滔不绝地讲了一通，沈没有讲他熟悉的逻辑，而是讲未来的新哲学将是博大的三民主义唯心论大体系。金先生被这位性情乖僻的天才学生的突然袭击弄得措手不及。事隔多年，抗日战争时期沈有鼎也在西南联大教书，别人问起这件事，沈有鼎早已忘记，金先生却总未忘记当时的尴尬局面。

50年代初，北京解放不久，清华大学哲学系请艾思奇做报告。报告会由金先生主持，当时艾思奇同志说，我们讲辩证法，必须反对形式逻辑，形式逻辑是形而上学，我们要与形式逻辑做坚决斗争。

艾思奇讲的中心是讲学习辩证法的重要，形而上学必须反对。报告会结束后，金先生以主持会议者的身份总结这次报告，他说："听说艾思奇同志坚决反对形式逻辑，要与形式逻辑做坚决斗争，听他讲演以前，我本想和艾思奇同志斗一斗、争一争。听了艾思奇同志讲演以后，我完全赞同他的讲话，他讲的话句句符合形式逻辑，我就用不着斗、用不着争了，谢谢艾思奇同志。"

原载于《念旧企新：任继愈自述》，
人民日报出版社，2011年版。

附　录

任继愈先生大事年表

（1916—2009）

1916 年

4 月 15 日，出生于山东平原县。

1919 年

4 月 5 日，五四运动爆发。

1922 年

入山东济南第一模范小学。此后六年在该校读书。

1928 年

山东济南第一模范小学毕业。

1934 年

考入北京大学哲学系，学习西方哲学。

1937 年

七七事变爆发，北京大学、清华大学和南开大学奉命迁到湖南长沙，组成长沙临时大学。

1938 年

4 月，长沙临时大学又西迁昆明，改称国立西南联合大学。

1939 年

考取西南联大北京大学文科研究所第一批研究生，师从汤用彤和贺麟教授，攻读中国哲学史和佛教史。

1941 年

毕业并获得硕士学位。留校教学。

1946 年

5 月 4 日，西南联大解散，三校分别迁回北京、天津复校。继续在北大哲学系教学。

1949 年

10 月 1 日，中华人民共和国成立。

1953 年

发表学术论文《何启、胡礼垣的改良主义思想》。

1954 年

发表学术论文《孙子兵法中的辩证法因素》。

1955 年

担任《北京大学学报》人文科学版编辑。

发表学术论文《韩非的社会思想的几个问题》。

1956 年

8 月，专著《老子今译》由古籍出版社出版。

本年，加入中国共产党。兼任中国科学院哲学研究所研究员。专著《墨子》《魏晋玄学中的社会政治思想略论》（与汤用彤合著）由上海人民出版社出版。

1959 年

5 月，参加中国哲学会在京举行的连续三场学术讨论会，就多个哲学问题与与会学者展开讨论。

10 月 13 日，毛泽东主席与先生进行了一次关于宗教问题的谈话。毛泽东主席称先生是宗教研究领域的“凤毛麟角”。

1961 年

发表学术论文《易经和它的哲学思想》。

1962 年

发表学术论文《孔子的“仁”的保守思想中的进步意义》。

1963 年

专著《汉唐佛教思想论集》由三联书店出版。

1964 年

专著《韩非》出版。

受命组建中国社会科学院世界宗教研究所，并出任所长。这是中国第一所宗教研究机构。

“文化大革命”期间在河南信阳干校接受“教育”。由于种种原因，他的右眼患了严重的眼疾，以致失明，左眼视力也受到了损害。

1972 年

回京，受命编《中国哲学史》。

1973 年

4 月，专著《汉唐佛教思想论集》（增订版）由人民出版社出版。

10 月 2 日，参加新中国成立 24 周年国庆大型游园联欢。

1974 年

10 月 1 日，参加新中国成立 25 周年国庆招待会。

1975 年

10 月 10 日，参加新中国成立 26 周年国庆招待会。

1977 年

10 月 1 日，出席新中国成立 28 周年国庆招待会。

1978 年

3 月，专著《老子新译》由上海古籍出版社出版。

9 月 28 日，当选为全国人大代表。

12 月，在南京召开的中国无神论学会成立大会上，提出了“儒教是教说”。此后，在世界宗教研究所专门成立了儒教研究室。

1979 年

3 月 15 日，参加在昆明召开的“全国宗教学研究会议”，做主题发言。同时任会上成立的中国宗教学会理事长。

7 月，主编的《中国哲学史》（四卷本）由人民出版社出版。

1981 年

6 月 13 日，任国务院学位委员会学科评议组学位委员。

专著《中国哲学史论》由上海人民出版社出版。

1982 年

3 月，在“全国古籍整理出版规划会”上，所提“《中华大藏经》整理出版建议”获得通过。8 月，《中华大藏经》整理出版工程正式启动。

1983 年

5 月，主编的《宗教词典》由上海辞书出版社出版。11 日，当选第六届全国人大代表。

10 月，主编的《中国哲学发展史》（先秦卷）由人民出版社出版。

11 月，1—2 日，参加在北京大学举行的“纪念汤用彤先生诞辰九十周年纪念会”，做纪念发言。

1984 年

10 月，参加为期六天的第一次“佛教和民族文化国际会议”，会上宣读题为《佛教与中国文化》的论文。

1985 年

12 月，参加在湖北黄冈召开的“熊十力先生诞辰一百周年国际学术讨论会”，做纪念发言。

专著《老子新译》修订本出版。

1986 年

1 月 1 日，在中国文化书院“中外文化比较讲习班”开学典礼上发表讲话。

1987 年

11 月 4 日，参加中国社会科学院专家、学者座谈会。

本年，出任国家图书馆馆长。

1988 年

1 月 2 日，参加“中国现代哲学史首届全国学术讨论会”，做主题发言。

3 月 14 日，当选第七届全国人大代表。

4 月，主编的《中国佛教史》由中国社会科学出版社出版。

12 月，在《现代化》杂志“科学与文化”论坛座谈会上做主题发言。

1989 年

4 月 2 日，在《人民日报》发表访问文章《应该提倡“先公后私”》。

1990 年

6 月，主编的《中国道教史》由上海人民出版社出版。

本年，新中国成立以来最大的文化工程《中华大典》由国务院正式批准启动，担任编撰委员会主任。

1991 年

7 月，主编的《道藏提要》由中国社会科学出版社出版。

11 月，学术文集《任继愈学术论著自选集》由北京师范学院出版社出版。

1992 年

4 月 22 日，“孙子与齐文化研究会”成立，出任会长。

6 月，专著《老子全译》由巴蜀书社出版。

本年，《中华大典》编撰工作正式启动。

1993 年

2 月 23 日，当选第八届全国人大代表。

11 月，出席“佛教文化景点发展现状研讨会”，做主题发言。

10 月 5 日，出席“胡乔木文集、诗集出版座谈会”。

1994 年

5 月，参加《中国文化研究》杂志举行的座谈会，与钟敬文、季羡林、张岱年等就弘扬传统文化、加强文化交流等问题发表见解。

7 月，《续修四库全书》出版工程启动，担任学术顾问。

12 月，《中华大藏经》编竣。

1995 年

5 月 19 日，出席外文版《大中华文库》座谈会。

11 月，出席“《四库全书存目丛书》首发式暨专家鉴评会”，做主题发言。

1996 年

5 月，《任继愈学术文化随笔》由中国青年出版社出版。

1997 年

6 月，接受《人民日报》记者徐怀谦专访。

12 月，自述文集《念旧企新》由山西人民出版社出版。

1998 年

6 月，学术文集《天人之际》由上海文艺出版社出版。

8 月，主编的《宗教大辞典》由上海辞书出版社出版。

12 月，专著《墨子与墨家》由商务印书馆出版。

1999 年

2 月 13 日，《人民日报》就《中华大典》出版工程发表访问文章。

6 月 21 日，《人民日报》发表访问文章《坚持不懈地宣传无神论》。

7 月 16 日，在“科学思想传播与无神论宣传”研讨会上发表谈话。

11 月 9 日，出席在北京举行的主题为“21 世纪的佛教和佛教研究”中日第八次佛教学术会议。

本年，当选为国际欧亚科学院院士。

2000 年

9 月 27 日，参加北京语言大学“2000 年中国传统文化研讨会”。

11 月，8 日，在中国无神论学会 2000 年学术年会上做题为《弘扬科学精神，提高民族素质》的学术报告。28 日，出任南京大屠杀民间对日诉讼援助团团长。

2001 年

3 月 24 日，主持中国社会科学院世界宗教研究所召开的儒教问题讨论会。

5 月 11 日，在国家图书馆“文津讲坛”主讲“唐玄奘取经与《西游记》”。

10 月 29 日，参加在国家图书馆举行的“于道全诞辰 100 周年”纪念座谈会。

担任“保护民族文化遗产公益系列广告”之长城篇形象代言人，文案由其本人亲自审。他的告诫“完美真实地将祖先留下的杰作传给子孙后代，是华夏儿女共同的责任”，震撼着每一个炎黄子孙的心。

2002 年

1 月，自选集《竹影集》由新世界出版社出版。

10 月 26 日，在国家图书馆“文津讲坛”主讲“中国历史的曲折前进”。

12 月，主编的《佛教大辞典》由江苏古籍出版社出版。“中华再造善本”第一批 32 种图书出版。参加《周易》金版出版座谈会。

2003 年

8 月 31 日，参加《大中华文库》（汉英对照）编纂出版座谈会。

10 月 3 日，在国家图书馆“文津讲坛”主讲“今天看诸葛亮”。

2004 年

3 月 13 日，在《世界文明大系》出版座谈会上做主题发言。

5 月，出席“国立西南联合大学研究书系”筹划座谈会。

8 月 9 日，出席“中国哲学大会”开幕式。大会为期 4 天，以“新世纪的哲学与中国”为主题，下设“传统与现代”“东方与西方”“科技与人文”等三个分议题，以全体大会主题发言和专题论坛两种形式，探讨马克思主义哲学、佛教哲学、欧洲哲学、自然科学哲学、伦理价值观、美学理论、文明与文化、政治哲学、政治文明与精神文明、中国政治哲学、当代东方哲学、生态伦理学、中西传统美学和当代文化等学术课题。

9月5日，在“2004文化高峰论坛”闭幕式上，与另外69位论坛成员共同签署了《甲申文化宣言》。宣言主张文明对话，主张每个国家、民族都有权利和义务保存和发展自己的传统文化；都有权利自主选择接受、不完全接受或在某些具体领域完全不接受外来文化因素；同时也有权对人类共同面临的文化问题发表自己的意见。24日，参加中国社会科学院世界宗教研究所24日在京举行的庆祝建所40周年大会。

10月8日，参加在北京人民大会堂举行的“纪念孔子诞辰2555周年国际学术研讨会暨国际儒学联合会第三届会员大会”，在会上做主题发言。12—13日，参加中国社会科学院世界宗教研究所与日本东洋哲学研究所共同主办的“现代文明与宗教对话”中日学术会议，做题为《现代文明与宗教对话》的主题发言。16日，在国家图书馆“文津讲坛”主讲“今天看《周易》”。

12月18日，出席“易学思维与科技”国际易学论坛第一次会议。28日，出席“第六届墨子国际研讨会暨《墨子大全》首发式”。

《国家图书馆藏敦煌遗书》出版立项。

2005年

4月1日，参加在中国社会科学院举行的“为了汉字文化的伟大复兴”学术研讨会。14日，在本人的再三要求下，从担任了18年的国家图书馆馆长任上退下，改任名誉馆长。

6月20日，参加“《高亨著作集林》出版暨学术座谈会”，就会议发表谈话。

8月，论文集《任继愈禅学论集》由商务印书馆出版。

10月10日，《人民日报》发表关于《中华再造善本》出版工程的访问。

11月，5—7日，出席在北京大学召开的“纪念冯友兰先生诞辰110周年暨冯友兰学术国际研讨会”。

12月1日，在国家图书馆“文津讲坛”主讲“汉字的再认识”。主编的《国家图书馆藏敦煌遗书》第一册由北京图书馆出版社出版。

2006 年

4 月，接受中央电视台《大家》栏目专访。

6 月 29 日，出席在北京人民大会堂举行的“《国家图书馆藏敦煌遗书》编纂出版座谈会”并讲话。

8 月，24—27 日，参加“儒学、儒教与宗教学学术研讨会”，会上发表《继承传统文化精华，迎接文化建设新高潮》的讲话。

10 月 1 日，在国家图书馆“文津讲坛”主讲“今天看科举制度”。本月，接受中央电视台《大家》第二次专访。学术随笔集《皓首学术随笔・任继愈卷》由中华书局出版。

12 月，专著《老子绎读》由书目文献出版社出版。

2007 年

1 月 11 日，为即将在北京举办的奥运会题词：促进和平，共同发展，广交朋友，共同前进。

6 月 17 日，出席北京大学国学研究生院成立 15 周年座谈会。

10 月 1 日，在国家图书馆“文津讲坛”主讲“中国哲学的未来”。

11 月 4 日，在“《中华大藏经》续编编委工作会议”上发表讲话。希望大家群策群力，把这件伟大而浩大的工程做好。

12 月，参加北京大学研究生教育 90 周年庆典并讲话。

2008 年

2 月，24—25 日，出席“《中华大典》编纂出版工作会议”并讲话。指出，文化建设是一个艰巨的、长期积累的过程，编辑工作的好坏决定了书的成败。大典是工具书、常销书，要细心做好编辑工作，保证编辑工作质量。

2009 年

7 月 11 日，辞世，享年 93 岁。

陈志明整理